Roman Klauser
Kochfest

ROMAN KLAUSER

KOCHFEST

Residenz Verlag

Dieses Buch entstand mit Unterstützung von:

TISCHLEREI KRUMBÖCK ecolodge BW Keramik Barbara Wihann EUROPEAN OUTDOORCHEF THE BARBECUE COMPANY BOUTIQUE BRUTAL

Bibliografische Information der Deutschen Bibliothek

Die Deutsche Bibliothek verzeichnet diese Publikation in der Deutschen Nationalbibliografie; detaillierte bibliografische Daten sind im Internet über http://dnb.d-nb.de abrufbar.

www.residenzverlag.at

Fotos: Peter Rauchecker
Umschlaggestaltung: BoutiqueBrutal.com
Art Direction / Grafische Gestaltung / Satz: Boutique Brutal
Foodstyling / Setdesign: Boutique Brutal, Peter Rauchecker
Lektorat: Else Rieger
Druck: Gorenjski tisk

ISBN 978-3-7017-3320-0

auch als e-Book

INHALT

ÜBER ROMAN KLAUSER

Lange bevor Dienstleister aller Art aus dem Boden schossen, setzte Roman Klauser sein innovatives Konzept „rent the cook“ in die Tat um. Als Trendsetter kocht er in den Küchen seiner Kunden und lässt sie im eigenen Haus zu Gast sein. Mit dem für ihn typischen sympathischen Lächeln schafft Roman eine Atmosphäre, in der man entspannt das Wunschmenü genießen und sich einfach wohlfühlen kann.

Beppo, „Pe Pinjo“, Roman – der Autor dieses Buches hört auf viele Namen, tritt aber immer absolut authentisch und bescheiden auf. Er mag den Umgang mit Menschen, egal ob in seiner Rolle als „rent the cook“, als Showkoch oder bei einem Grillworkshop. Mit seiner kompetenten, selbstbewussten, vor allem aber sehr unkomplizierten, ruhigen und humorvollen Art begeistert er jeden.

Die Qualität seiner Speisen steht außer Frage. Das in renommierten Häusern erworbene Wissen hat er bei nationalen und internationalen Wettbewerben oftmals unter Beweis gestellt und dabei zahlreiche Auszeichnungen erworben. Mit diesem Know-how als Profi hilft er seinen Kursteilnehmern mit alltagstauglichen und leicht verständlichen Tipps auf ein höheres Level, auf dem saftige Steaks, auf den Punkt geräucherte Braten (Kerntemperatur!) und gegrillter Fisch, der nicht am Rost klebt, kein Zufallsprodukt sind, sondern Selbstverständlichkeit werden. Grundlegend dafür sind hochwertige Zutaten, darauf legt Roman großen Wert: am besten regional eingekauft, sparsam gewürzt und schonend gegart.

Kraft und Energie schöpft Roman in der Natur, beim Ausüben verschiedenster Sportarten und in seinem großen Freundeskreis. Dabei lädt er seine Akkus wieder auf für die nächsten Kochevents oder für Dinge, die ihm weniger Spaß machen, z. B. die Büroarbeit. Ein „Nine-to-Five“-Job wäre für ihn unvorstellbar. Auch deswegen ist es ihm hoch anzurechnen, dass er nun sein umfassendes Wissen in Form eines Kochbuches einem breiten Publikum zugänglich macht.

Ich wünsche Ihnen viel Spaß beim Lesen und Nachkochen – gutes Gelingen und Mahlzeit!

Andreas Leeb
Projektmanager bei MOTOROLA Solutions

RÄUCHERLACHSTATAR
ERDÄPFELRÖSTI
ENTRECÔTE DOUBLE
BÄRLAUCHGNOCCHI
FRÜHLINGSZWIEBERLN

BÄRLAUCH

Reich an Magnesium, Eisen und Vitamin C. Die Bärlauchsaison dauert meist nur von März bis April. Mit selbst gemachter Bärlauchpaste kann man sich allerdings das ganze Jahr über gut versorgen.

Verwendung: Paste, Suppen, Pesto, Sauce oder nur zum Braten bei Lamm oder Fisch.

RÄUCHERLACHSTATAR / ERDÄPFELRÖSTI

ZUTATEN FÜR 6 PERSONEN

Lachstatar
200 g Räucherlachs
1 Schalotte
1 Handvoll Dill
Saft von ½ Zitrone
Salz
80 g Crème fraîche
20 g Forellenkaviar

Erdäpfelrösti
150 g mehlige Erdäpfel
Salz, Muskat
Öl zum Braten

Lachstatar
Lachs, Schalotte und Dill fein hacken und mit Crème fraîche vermengen (einen Löffel Crème fraîche zum Dekorieren aufheben). Mit Zitronensaft und Salz würzen und auf den Rösti mit einem Tupfen Crème fraîche und dem Kaviar anrichten.

Erdäpfelrösti
Erdäpfel in der Schale ca. 5 Minuten kochen, schälen, grob reiben und mit Salz und Muskat würzen. Runde, dünne Rösti formen (am besten funktioniert das mit einem Anrichtering). Langsam in Öl knusprig braten.

ENTRECÔTE DOUBLE / BÄRLAUCHGNOCCHI FRÜHLINGSZWIEBERLN

ZUTATEN FÜR 6 PERSONEN

Entrecôte double
1,2 kg Beiried, zugeputzt
Salz, Pfeffer, geschrotet
2–3 Zweige Rosmarin

Bärlauchgnocchi
ca. 300 g Bärlauch
etwas Olivenöl
200 g mehlige Erdäpfel, gekocht, passiert
2 Dotter
1 TL Maisstärke
Salz, Muskat
75 g griffiges Mehl
Butter zum Schwenken

Frühlingszwieberln
1 Bund Frühlingszwieberln
Öl zum Braten
Salz, Pfeffer
⅛ l Weißwein
ca. 20 g Butter

Entrecôte double

Beiried in 4–5 cm dicke Schnitten schneiden und mit Salz und Pfeffer würzen. In einer Pfanne mit etwas Öl auf beiden Seiten mit dem Rosmarin etwa 2 Minuten anbraten.

Auf einen Rost über die Bratform legen und bei 180 °C Heißluft für ca. 15 Minuten in den Ofen geben.
Ca. 10 Minuten rasten lassen, bevor es angeschnitten wird!

Bärlauchgnocchi

Bärlauch mit Olivenöl und etwas Wasser zu einer Paste mixen. 3 EL Paste abmessen, mit der Erdäpfelmasse, Dottern, Maisstärke, Salz und Muskat gut verrühren. Das Mehl unterrühren und so schnell wie möglich kleine Knödel drehen.

Über ein Gnocchibrett in kochendes Salzwasser rollen oder mit einer Gabel eindrücken, damit das typische Gnocchimuster entsteht. Einmal kurz aufkochen und dann ca. 5 Minuten ziehen lassen. Am Schluss kurz in Butter durchschwenken.

Frühlingszwieberln

Die weißen Teile der Frühlingszwieberln abschneiden und halbieren. Grüne Teile in grobe Stücke schneiden. Weiße Zwiebelstücke in Öl kurz braten (etwa 2–3 Minuten).
Mit Salz und Pfeffer würzen, zum Schluss die grünen Stücke dazugeben. Mit Weißwein ablöschen und mit etwas Butter montieren.

ROMANS TIPP

Um eine optimale Form des Steaks zu erhalten, binden Sie es mit Küchengarn.

Das Fleisch soll wirklich sehr heiß angebraten werden, um optimale Röstaromen zu erhalten.

SANTOKU
三徳

FLEUR DE SEL
PFEFFER STEAK

SPARGELCREMESUPPE
SESAMSTANGERL
LACHSFILET
SPARGELRISOTTO
SCHMORTOMATEN

LACHS

Hoher Anteil an Omega-3-Fettsäuren, die die Blutgefäße sauber halten und dadurch die Cholesterinwerte verbessern. Verwenden Sie ausschließlich frischen Lachs, um ein Topgericht zu erhalten.

SPARGEL

Hat sehr wenig Kalorien, wirkt entwässernd und ist reich an Mineralstoffen und Spurenelementen.
Er beschleunigt das Abnehmen durch Enzyme, Vitamine und Mineralstoffe. Spargel verwendet man für Suppe, Salate, als Gemüse und in Aufläufen.

SPARGELCREMESUPPE / SESAMSTANGERL

ZUTATEN FÜR 6 PERSONEN

Spargelfond
Salz, Zucker
1 EL Butter
1 Zitrone, geschält
500 g weißer Spargel
2 Scheiben Toastbrot

Spargelcremesuppe
100 g Butter
100 g griffiges Mehl
1,5 l Spargelfond
½ l Schlagobers
Salz
etwas Zitronensaft

Sesamstangerl
60 g Blätterteig
1 Ei
2 EL Sesam
Fleur de Sel

Spargelfond
Als Basis für die Spargelsuppe zuerst einen Spargelfond herstellen: In einem Topf ca. 2 Liter Wasser mit Salz, Zucker, Butter und Zitrone aufstellen.

Sobald der Fond kocht, den geschälten weißen Spargel im Ganzen hinzugeben und mit dem Toastbrot bedecken. Das Toastbrot entzieht die Bitterstoffe und kann gemeinsam mit dem Spargel wieder entfernt werden.

Den Spargel auf den Punkt (ca. 7–8 Minuten) kochen, aus dem Fond nehmen und auskühlen lassen.
1,5 Liter Fond abmessen und für die weitere Verwendung zur Seite stellen.

Spargelcremesuppe
Aus Butter und Mehl eine Einbrenn machen, mit Spargelfond und Schlagobers aufgießen.

2–3 Minuten köcheln lassen, mit Salz und Zitronensaft abschmecken. Den gekochten Spargel schneiden und als Einlage verwenden.

Sesamstangerl
Blätterteig in ca. 1 cm dicke Streifen schneiden und mit verschlagenem Ei bepinseln. Sesam und Fleur de Sel darüberstreuen. Stangerl auf ein mit Backpapier ausgelegtes Blech legen, bei 180 °C Ober-/Unterhitze ca. 12 Minuten backen.

ROMANS TIPP

Weißen Spargel vom Kopf weg schälen, vom hinteren, meist holzigen Ende ca. 2–3 cm abschneiden.

Eine Einbrenn, auch Roux genannt, ist eine erhitzte Mischung aus Fett (Butter) und Weizenmehl, die zum Binden von Suppen und Saucen verwendet wird. Je nach Bräunungsgrad spricht man von einer hellen oder dunklen Einbrenn.

LACHSFILET / SPARGELRISOTTO SCHMORTOMATEN

ZUTATEN FÜR 6 PERSONEN

Schmortomaten
20 Cocktailtomaten
1 Knoblauchknolle
frische Kräuter
(Rosmarin, Thymian)
Salz
Olivenöl zum Marinieren

Spargelrisotto
2 Schalotten
Olivenöl zum Anschwitzen
200 g weißer Spargel
250 g Risottoreis
(Arborio, Carnaroli)
⅛ l Weißwein
½ l Spargelfond (siehe S. 24)
oder Wasser
30 g Parmesan
30 g Butter
Salz
etwas Zitronensaft

Lachsfilet
1,2 kg Lachsfilet
Saft von 2 Zitronen
Fleur de Sel
Olivenöl zum Braten
6 Stangen grüner Spargel

Schmortomaten
Cocktailtomaten mit gepresstem Knoblauch, Thymian, Rosmarin, Salz und Olivenöl marinieren und bei 70 °C Ober-/Unterhitze für mindestens 1 Stunde auf einem Blech ins Backrohr geben.

Spargelrisotto
Schalotten feinwürfelig schneiden und in Olivenöl glasig anschwitzen. Den weißen, geschälten, in dünne Scheiben geschnittenen Spargel kurz anschwitzen.

Risottoreis dazugeben und mit Weißwein ablöschen. Mit Spargelfond oder Wasser aufgießen, ca. 20 Minuten leicht köcheln. Wenn der Reis bissfest ist, Parmesan unterrühren. Risotto vom Herd nehmen und in kleine Würfel geschnittene kalte Butter einrühren. Mit Salz und Zitronensaft würzen.

Lachsfilet
Lachs mit der Hautseite auf ein Küchenpapier legen, mit Zitronensaft und Salz würzen und mit der Hautseite in die heiße Pfanne geben. Scharf anbraten, dann mit der Hitze etwas zurückgehen.

Den geputzten grünen Spargel neben die Lachsfilets legen und mit anbraten. Lachs nach ca. 3 Minuten wenden und von der Flamme nehmen. Zugedeckt 4–5 Minuten ziehen lassen.

ROMANS TIPP

Die Schmortomaten können bis zu 20 Stunden im Ofen bleiben. Je länger, desto intensiver schmecken sie.

SPARGEL-GEMÜSE-GRÖSTL
RÄUCHERTOFU
SCHNITTLAUCHDIP
JOGHURT-ZITRONEN-KUCHEN
HEIDELBEEREIS

PAPRIKA-FANSEITE

Gemüsepaprika aus heimischem Anbau ist fast ganzjährig erhältlich und wird gerne als Rohkost, im Salat, zu Fleisch- und Fischgerichten oder klassisch gefüllt mit Faschiertem verwendet.
Der klassische Gemüsepaprika liefert besonders viel Vitamin C und Carotinoide. Einfach mit einem Sparschäler geschält, wird er leichter verträglich und hat eine kurze Garzeit. Außerdem kann man die Schale in Streifen schneiden, in kaltes Wasser einlegen und als attraktive Deko verwenden (siehe Seite 156).

SPARGEL-GEMÜSE-GRÖSTL / RÄUCHERTOFU SCHNITTLAUCHDIP

ZUTATEN FÜR 6 PERSONEN

Gröstl
600 g speckige Erdäpfel
Olivenöl zum Braten
600 g grüner Spargel
600 g weißer Spargel
400 g Paprika
400 g Zucchini
400 g Frühlingszwiebeln
Salz, Pfeffer, frische Kräuter der Saison
200 g Blattspinat
600 g Räuchertofu

Schnittlauchdip
¼ l Sauerrahm
1 Handvoll Schnittlauch
Salz, Pfeffer
Saft von ½ Zitrone

Gröstl
Erdäpfel waschen und mit der Schale kochen. In Scheiben schneiden, goldbraun anbraten. Grünen und weißen Spargel waschen, schälen und in kleine Stücke schneiden.

Paprika, Zucchini und Frühlingszwiebeln in gröbere Stücke schneiden (das Gemüse kann durchaus etwas „rustikaler" geschnitten sein – wie es bei einem Gröstl üblich ist).

Paprika in etwas Öl anbraten, Spargel und Zucchini zugeben, Frühlingszwiebeln und zuletzt die gebratenen Erdäpfelscheiben dazugeben. Mit Salz, Pfeffer und frischen Kräutern der Saison (z. B. Petersilie, Thymian, Rosmarin oder Bärlauch) abschmecken.

Zum Schluss Blattspinat zum Gröstl geben und kurz durchschwenken, der Blattspinat sollte knackig bleiben.

Den Räuchertofu in Scheiben schneiden und in etwas Öl knusprig anbraten. Auf dem Gröstl anrichten.

Schnittlauchdip
Sauerrahm mit dem geschnittenen Schnittlauch, Salz, Pfeffer und Zitronensaft vermengen.

ROMANS TIPP

Beim Gemüsebraten immer das härtere Gemüse (z. B. Karotte, Paprika, Sellerie) zuerst in der Pfanne rösten, damit am Ende alle Gemüsesorten perfekten Biss haben!

Falls Sie auf Nummer sicher gehen wollen, braten Sie jedes Gemüse einzeln! Dauert zwar etwas länger, aber das Ergebnis wird perfekt!

JOGHURT-ZITRONEN-KUCHEN / HEIDELBEEREIS

ZUTATEN FÜR 6 PERSONEN

40 g Butter
30 g Zucker
30 g Honig
Zesten von ½ Zitrone
1 TL Vanillezucker
2 Eier
⅛ l Joghurt
100 g griffiges Mehl
Butter für die Form
6 Kugeln (Heidelbeer-)Eis aus der Eisdiele Ihres Vertrauens

Weiche Butter und Zucker schaumig schlagen. Honig, Zitronenzesten und Vanillezucker dazugeben, Eier einrühren und Joghurt mit dem Mehl unterheben.

Masse in eine befettete Muffinform geben und bei 170 °C Heißluft ca. 15 Minuten backen. Den warmen Kuchen am besten mit Heidelbeereis oder mit einem Fruchteis Ihrer Wahl vom Eisverkäufer Ihres Vertrauens servieren.

ZESTEN

sind hauchdünne Streifen oder Abrieb der äußersten, farbigen Schicht von Zitrusfrüchten und werden zum Aromatisieren von Desserts, Saucen oder Marinaden verwendet.

LAMMKRONE
PARMESANKNÖDERL
CREMIGER MANGOLD
FLÜSSIGER SCHOKO-
KUCHEN
MINZANANAS

MANGOLD

Sowohl die grünen Blätter als auch die weißen Stängel des Mangolds sind zum Verzehr geeignet. Das Gemüse ist sehr aromatisch und überaus gesund, eine gute Vitamin-A- und -C-Quelle und reich an Kalium, Kalzium und Eisen. Ernten kann man Mangold ab ca. 15 cm und immer von außen nach innen.

ERDÄPFEL

sind aufgrund ihres hohen Vitamin-C-Gehalts die „Zitronen des Nordens". Außerdem enthalten Erdäpfel wichtige Ballaststoffe und wertvolles Eiweiß. Verwendung finden sie als Salat, Beilage und Teig, Suppen usw.

LAMMFLEISCH

Wie auch Wild ernährt sich Lamm meist von Gräsern und Kräutern und ist daher besonders schmackhaft. Lammfleisch ist reich an Eiweiß, Vitaminen, Eisen und Zink.

Aufgrund der natürlichen Haltung und Fütterung ist Lammfleisch aus ernährungsphysiologischer Sicht besonders empfehlenswert.

LAMMKRONE / PARMESANKNÖDERL CREMIGER MANGOLD

ZUTATEN FÜR 6 PERSONEN

Lammkrone
1,4 kg Lammkronen
Salz, Pfeffer
Olivenöl zum Braten
Knoblauchknolle, ungeschält, halbiert
Thymian

Parmesanknöderl
200 g mehlige Erdäpfel, gekocht, passiert
2 Dotter
70 g Topfen
1 TL Maisstärke
60 g Parmesan
Salz, Muskat
75 g griffiges Mehl
Olivenöl oder Butter zum Anbraten

Mangold
800 g Mangold
Olivenöl zum Anbraten
⅛ l Schlagobers
Salz, Muskat
1 Knoblauchzehe, gerieben
10 g Butter

Lammkrone
Die Lammkronen von Sehnen befreien, mit Salz und Pfeffer würzen und in einer Pfanne scharf anbraten. Knoblauch und Thymian mitbraten!

Das angebratene Fleisch auf einen Rost über die Bratform legen und für ca. 10 Minuten bei 180 °C Heißluft in den Backofen schieben. Danach etwa 10 Minuten rasten lassen.

Parmesanknöderl
Erdäpfelmasse mit Dottern, Topfen, Maisstärke, Parmesan, etwas Salz und Muskat vermengen. Zum Schluss das Mehl unterrühren. Teig sofort verarbeiten, damit er nicht zäh wird: Kleine Knödel formen und in Salzwasser ca. 8 Minuten köcheln lassen. Danach kurz in Olivenöl oder Butter anbraten.

Mangold
Mangold waschen und vom Strunk befreien. Den Strunk in feine Streifen schneiden und in Olivenöl anbraten. Die grünen Mangoldblätter ebenfalls in feine Streifen schneiden. Zu den anderen Streifen in die Pfanne geben. 1–2 Minuten durchschwenken und mit Schlagobers aufgießen. Mit Salz, Muskat und Knoblauch abschmecken und mit Butter montieren.

ROMANS TIPP

Beim Braten oder Grillen von Fleisch erreicht man eine optimale Garstufe, wenn das Fleisch auf einem Gitter oder Rost liegt. So kann die heiße Luft gleichmäßig um den Braten zirkulieren und er wird von außen nach innen optimal gegart.

Achten Sie beim Erdäpfelteig darauf, dass Sie das Mehl erst ganz zum Schluss beigeben, da der Teig sonst zäh und gummiartig wird. Das Salzwasser sollte zu diesem Zeitpunkt schon kochen!

FLÜSSIGER SCHOKOKUCHEN / MINZANANAS

ZUTATEN FÜR 6 PERSONEN

Schokokuchen
100 g Butter
100 g Kuvertüre
3 Eier
100 g Zucker
50 g griffiges Mehl
Butter für die Form

Minzananas
½ Ananas
1 Handvoll Minzblätter
10 g brauner Zucker

Schokokuchen
Butter und Kuvertüre über Dampf schmelzen lassen. Eier und Zucker über Dampf aufschlagen, vermengen und das Mehl langsam einrühren. Masse in einer gefetteten Muffinform ca. 7–8 Minuten bei 250 °C Heißluft backen.

Minzananas
Ananas in kleine Würfel schneiden, etwas erwärmen und mit der fein geschnittenen Minze und braunem Zucker verfeinern. Auf einem tiefen Teller anrichten und den warmen Schokokuchen daraufsetzen.

MARINIERTE SALAT-
BLÄTTER / PARMESAN-
CHILI-KORB

GESCHMORTER KALBS-
TAFELSPITZ MIT
WURZELGEMÜSE
TOASTBROTKNÖDERL

HIMBEERPARFAIT
KARAMELLISIERTE
WALNÜSSE

WURZELGEMÜSE

Unter Wurzelgemüse versteht man Karotten, Sellerie, Pastinaken, Rüben, Radieschen, Topinambur und Rettich. Die Rüben und Knollen sind reich an Vitaminen, Mineralstoffen und Spurenelementen.

Verwenden Sie Wurzelgemüse für diverse Suppen, als Gemüse-Beilage oder für Säfte!

WALNÜSSE

Nüsse liefern jede Menge wertvoller Inhaltsstoffe, sind gut für Konzentration, Merkfähigkeit und heben die Laune! Walnüsse sind voll mit gesunden Fetten, Eiweiß, Vitaminen und Ballaststoffen, außerdem haben Walnüsse auch mehrfach ungesättigte Fettsäuren und Omega-3-Fettsäuren. Verwendung finden sie in Süßspeisen, zu Saucen, zu gebratenem Wild und zu Käse.

HIMBEEREN

Wer eine Himbeerhecke besitzt, hat seine Apotheke praktisch zu Hause! Die Beere ist äußerst vielseitig und reich an Vitaminen und Spurenelementen. Verwendung findet die Himbeere bei fast allen Desserts, Dressings, Eis oder einfach nur zum Naschen.

MARINIERTE SALATBLÄTTER PARMESAN-CHILI-KORB

ZUTATEN FÜR 6 PERSONEN

Marinierte Salatblätter
1 Schalotte
1 Knoblauchzehe
4 EL Balsamicoessig
2 EL Estragonessig
1 EL Zucker
½ EL Salz
1 EL Senf
¼ l Wasser
½ l Olivenöl
4 verschiedene Blattsalate
8 Cocktailtomaten
30 g Sonnenblumenkerne, geröstet
30 g Sesam, geröstet
Kresse zum Dekorieren

Parmesan-Chili-Korb
200 g Parmesan, gerieben
ca. 1 Chilischote, fein gerieben
(Menge nach Geschmack)

Marinierte Salatblätter
Schalotten und Knoblauch grob schneiden und mit Essig, Zucker, Salz, Senf und Wasser mit einem Stabmixer pürieren. Olivenöl langsam einlaufen lassen.

Salatblätter waschen, etwas trockentupfen. Marinieren, mit geputzten und bei Bedarf geschnittenen Cocktailtomaten, Sonnenblumenkernen, Sesam und Kresse schön anrichten.

Parmesan-Chili-Korb
Parmesan mit der gewünschten Menge Chili vermischen. In einer beschichteten Pfanne so verteilen, dass der Boden bedeckt ist. Eine Schüssel verkehrt herum auf den Tisch oder die Arbeitsplatte stellen. Wenn der Käse schmilzt, schnell mit einer Zange aus der Pfanne nehmen und über die Schüssel legen. Kalt werden lassen, von der Schüssel nehmen – fertig ist der Käse-Korb!

GESCHMORTER KALBSTAFELSPITZ MIT WURZELGEMÜSE / TOASTBROTKNÖDERL

ZUTATEN FÜR 6 PERSONEN

Kalbstafelspitz
1,4 kg Kalbstafelspitz, zugeputzt
Salz, Pfeffer
2 Karotten
2 Schalotten
½ Sellerie
½ Lauch
2 Gelbe Rüben
frischer Rosmarin, Thymian
50 g Butter

Toastbrotknöderl
9 Scheiben Toastbrot
⅛ l Milch
2 Eier
60 g Butter
Salz, Muskat
Butter zum Anbraten

Kalbstafelspitz
Tafelspitz mit Salz und Pfeffer würzen. Gemüse putzen, grob schneiden, in einen Bräter geben und Kalbfleisch daraufsetzen. Bei 180 °C Heißluft im Backrohr ca. 1 Stunde 15 Minuten garen, bei Bedarf Wasser dazugeben.

Fleisch aus dem Bräter nehmen und auf einem Teller im ausgeschalteten Backrohr rasten lassen. In der Zwischenzeit das Gemüse mit etwas Wasser aufgießen, auf den Herd stellen. Kräuter fein hacken und unter das Gemüse mischen, mit Butter montieren.

Toastbrotknöderl
Toastbrot entrinden, in kleine Würfel schneiden und in Milch einweichen. Eier trennen, Butter schaumig schlagen und die Dotter unterrühren. Mit Salz und Muskat würzen und zu den Toastbrotwürfeln geben, verrühren. Eiweiß zu Schnee schlagen und unter die Masse heben.

Die Knödelmasse mit Frischhaltefolie einpacken und in Salzwasser ca. 20 Minuten köcheln lassen. Auspacken, schneiden und in Butter noch leicht goldbraun anbraten.

ROMANS TIPP

Die frischen Kräuter erst ganz zum Schluss unter das Gemüse mischen, so bleibt der Geschmack besser erhalten.

HIMBEERPARFAIT KARAMELLISIERTE WALNÜSSE

ZUTATEN FÜR 6 PERSONEN

Himbeerparfait
750 g Himbeeren
4 EL Vanillezucker
5 Dotter
70 g Zucker
¼ l Schlagobers

Karamellisierte Walnüsse
50 g Zucker
150 g Walnüsse

Himbeerparfait
Die Himbeeren mit dem Vanillezucker einmal aufkochen und durch ein Haarsieb passieren. Zum Weiterverarbeiten das so entstandene Himbeermark abkühlen lassen.

Dotter mit Zucker schaumig rühren, Schlagobers schlagen. Himbeermark mit dem Dotter-Zucker Gemisch unter das geschlagene Schlagobers heben. In eine mit Frischhaltefolie ausgelegte Form füllen und ca. 2–3 Stunden tiefkühlen.

Ca. 30 Minuten vor dem Servieren aus dem Kühlschrank nehmen, damit das Parfait cremiger wird und leichter zu löffeln ist.

Karamellisierte Walnüsse
Zucker in eine Pfanne geben und Hitze auf die höchste Stufe schalten. Wenn der Zucker vollkommen flüssig ist, die Nüsse dazugeben und durchschwenken. Pfanne vom Herd nehmen, die karamellisierten Nüsse zum Auskühlen auf einen Teller leeren. Nach ca. 10 Minuten etwas zerkleinern. Zum Parfait servieren.

ROMANS TIPP

Beim Karamellisieren gut aufpassen, der Zucker erreicht an die 200 °C und kann zu massiven Verbrennungen führen. Auf keinen Fall mit dem Finger reingreifen!

Machen Sie das Parfait am Vortag, dann kann es gut durchfrieren.

KOCHFESTIVAL

KOCHEN FÜR 10 000 MUSIKFANS

Eines Tages flatterte eine Anfrage in meinen Posteingang: ob ich mir vorstellen könnte, das Tomorrow Festival in Zwentendorf zu betreuen. Ein Musikfestival der Sonderklasse – mir stockte der Atem. Doch bis dahin hatte ich bei meinen größten Aufträgen maximal 200 Personen verköstigt – und nun ging es in den fünfstelligen Bereich! Aber die Herausforderung reizte mich, und auch das Konzept war genau mein Ding: Nachhaltigkeit bei der Lebensmittelauswahl, regionale Produkte und Gerichte, kein Fast Food oder Essen aus der Fritteuse.

Nach einigen Gesprächen mit dem Veranstalter sagte ich zu und machte mich an die Arbeit: Ich musste ein Speisenkonzept für 10 000 Festivalbesucher entwickeln. Dabei sollten ausschließlich regionale Gerichte angeboten werden, hergestellt aus Bio-Produkten. Ich kreierte 16 verschiedene Festivalgerichte – ausschließlich Bio, kein einziges Convenience-Gericht! Das Angebot reichte von Käsespätzle und Blunzengröstl über eine Spargel-Erdäpfel-Pfanne bis zum klassischen Kaiserschmarren. Alle Speisen wurden frisch am Festivalgelände vor- und zubereitet – und begleitet vom Soundtrack der Bands ging alles doppelt so schnell. Serviert wurde alles mit einem Mehrweg-Geschirr-System, um keinen Papp- oder Plastiktellerabfall zu verursachen.

Die Zutatenmenge, die man für 10 000 Leute benötigt, ist enorm. So landeten zum Beispiel 150 Kilogramm Bio-Schweineschopf, 800 Stück Burenwürste vom Bio-Bauern und 200 kg Bio-Erdäpfel auf meinem Grill.

Der Renner war aber die beste Currywurst, die man sich vorstellen kann – mit hausgemachtem Curry-Ketchup! Das Rezept dafür gebe ich in diesem Buch gerne weiter.

CURRY-KETCHUP

ZUTATEN FÜR ½ LITER

1 kg Zwiebeln
Öl zum Braten
40 g Tomatenmark
500 g Tomaten
(im Notfall aus der Dose)
2 EL Essig
3 El Cognac
100 g Currypulver
1 TL Green Currypaste
100 g Kristallzucker
Salz
2 Knoblauchzehen
Maisstärke nach Bedarf

Zwiebeln in grobe Stücke schneiden und etwa 30 Minuten langsam anrösten, bis sie eine goldbraune Farbe bekommen. Das Tomatenmark ca. 1 Minute mitrösten und die geschnittenen Tomaten (Strunk rausschneiden) zugeben.

Mit Essig und Cognac ablöschen, restliche Gewürze dazugeben und ca. 1 Stunde leise köcheln lassen. Sollten die frischen Tomaten am Anfang zu wenig Flüssigkeit abgeben, einfach ¼ Liter Wasser dazugeben und einreduzieren lassen.

Nach etwa 1 Stunde pürieren und durch ein Sieb passieren, um eine schöne cremige Sauce zu erhalten. Falls die Sauce nach dem Passieren zu dünn ist, mit etwas Maisstärke eindicken. Passt herrlich zu gebratener Wurst, als Dip beim Grillen oder zu Nudelgerichten!

SPEISEN-
AUSGABE
GEGEN BON
TOMORROW
FESTIVAL
MEINE
STIMME
GEGEN
ATOMKRAFT
Most4tler
6,50 €
Klassisches
6,50 €

FRÜCHTESPIESS IM SPECKMANTEL
GRILLHENDL
KNOBLAUCHSTANGERL

DER KERNTEMPERATURFÜHLER

Beim Garen, Grillen oder Braten von Fleisch und Fisch habe ich in meinen bereits 20 Berufsjahren schon viel gelernt und gesehen. Von Druckproben über Omas alte Methoden bis Sous-vide-Garen – jeder hat seine spezielle Art, diese Gerichte zuzubereiten.

In den letzten Jahren habe ich sehr viel für und mit HobbyköchInnen gearbeitet und bin zu dem Entschluss gekommen, dass beim Garen von Fisch und Fleisch ein Kernthermometer das effektivste Tool ist.

Wir wollen saftig mürbe Steaks, einen Braten, der auf der Zunge zergeht, oder glasigen Fisch – und das bekommt man als nicht gelernter Koch am besten mit dem Kernfühler hin.

Es gibt mittlerweile jede Menge solcher Geräte und sie sind einfach anzuwenden. Der Fühler kann meist (kommt darauf an, welche Marke Sie haben) während der gesamten Garzeit im Fleisch bleiben. Sie sollten ihn lediglich genau in der Mitte platzieren.

Achten Sie bei der Zubereitung von Filets oder Rücken-Teilen sowie bei Fisch und Steaks darauf, dass Sie nie über 60 °C im Kern erreichen, dann haben Sie immer ein tolles Ergebnis.

TEMPERATUREN

Fleisch blutig (rare)	49–52 °C
Fleisch rosa (medium)	56–60 °C
Fleisch durch (well done)	78–85 °C
Fisch glasig	55 °C

INDIREKT GRILLEN

Im Gegensatz zum DIREKT Grillen, bei dem das Grillgut direkt über der Hitzequelle liegt, befindet es sich beim INDIREKT Grillen meist seitlich und ermöglicht so ein Grillen großer Bratenstücke.

Dies funktioniert allerdings nur bei geschlossenen Grillsystemen wie dem Kugelgrill oder Smoker.

Durch das indirekte Grillen wird schonender gegart und es gibt viel mehr Möglichkeiten am Grill. Im Prinzip ist der Grill bei dieser Zubereitungsart ein Outdoor-Backofen. Alles, was Sie bisher in Ihrem Backofen gegart haben, können Sie nun auch auf einem geschlossenen Grill zubereiten. Von Schweinebraten, Grillhenderl, Pizza, Apfelstrudel bis zu überbackenem Eis.

Die Küche wird einfach in den Garten verlegt!

KNOBLAUCH

Die würzigen Knollen sind sehr vitaminreich und enthalten wichtige Inhaltsstoffe, die die Aufnahme von Vitaminen begünstigen. Knoblauch wirkt zudem als natürliches Antibiotikum gegen bestimmte Bakterien. Der besondere Inhaltsstoff des Knoblauchs heißt Allicin!
Verwenden Sie Knoblauch zu allen Gemüsen und Salaten, als Sauce in Dips sowie zum Marinieren und Braten von Fleisch und Fisch.

DÖRROBST (MARILLEN, PFLAUMEN ...)

Trockenfrüchte verlieren zwar durch den Dörrvorgang an Vitaminen und Aromastoffen, gewinnen jedoch durch den Wasserverlust an Nährstoffen, Mineralien und Geschmack. Grundsätzlich werden beim Verzehr von Trockenobst mehr Kalorien und Nährstoffe aufgenommen als beim Essen von frischem Obst, aufgrund des hohen Zuckergehalts sind die Früchte besonders nahrhaft!
Verwenden Sie Dörrobst zu Müsli oder Joghurt, als Snack für zwischendurch oder als pfiffige Grillbeilage.

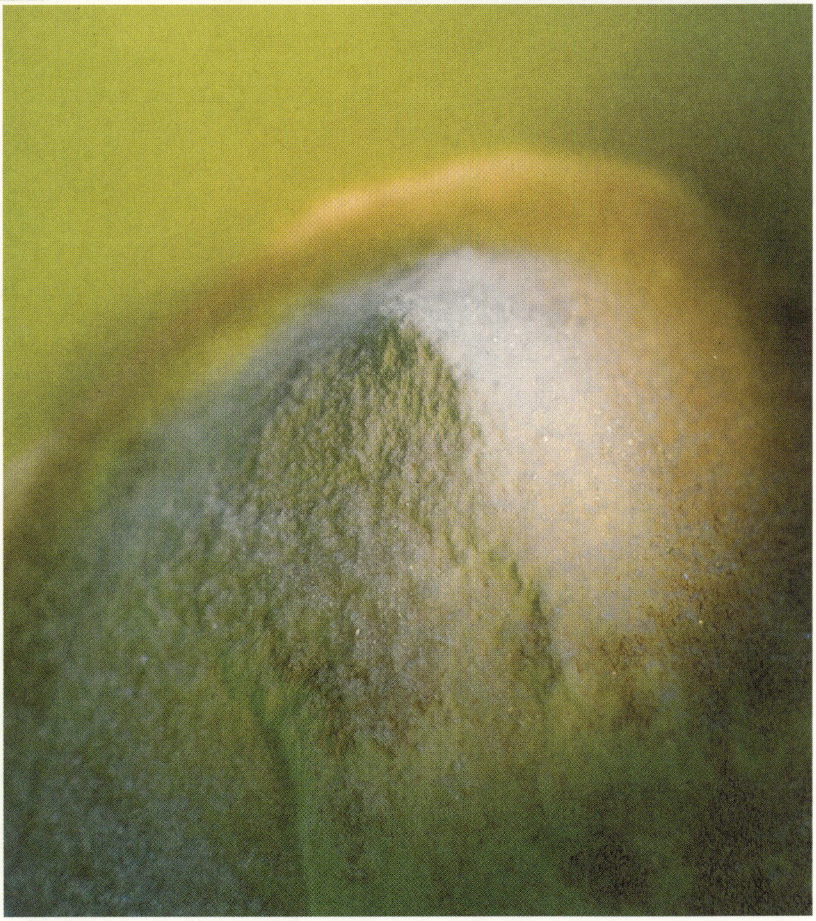

FRÜCHTESPIESS IM SPECKMANTEL

ZUTATEN FÜR 6 PERSONEN

400 g Dörrobst (Zwetschke, Marille, Dattel, Feige)
200 g Bauchspeck, geschnitten

Dörrobst in Speck einwickeln und mehrere Stücke auf einen Spieß stecken.

Bei ca. 220 °C 3–4 Minuten direkt grillen. Der Speck soll knusprig sein und das Obst warm. Eine tolle, einfache Vorspeise!

GRILLHENDL / KNOBLAUCHSTANGERL

ZUTATEN FÜR 6 PERSONEN

Grillhendl
3 Hühner (ca. 1 kg pro Huhn)
Knoblauch, Rosmarin
Brathuhngewürz
¼ l Bier
3 EL Olivenöl

Knoblauchstangerl
600 g griffiges Mehl
2 Pkg. Trockengerm
1 EL Salz
½ EL Zucker
300 ml Weizenbier
3 EL Olivenöl
5 Knoblauchzehen, gerieben
50 g Parmesan
grobes Salz

Grillhendl
Hühner innen mit Knoblauch, Rosmarin und Brathendlgewürz würzen, außen mit Brathendlgewürz einreiben. Bei ca. 230 °C ca. 70 Minuten indirekt grillen. 15 Minuten rasten lassen, Bier und Olivenöl gut verrühren. Hühner mit Bier-Öl-Marinade einstreichen.

Knoblauchstangerl
Brotteig herstellen. 40 Minuten rasten lassen. Kleine Teiglinge formen, zu Dreiecken ausrollen, mit einem Teil des Olivenöls und des Knoblauchs bestreichen, mit Parmesan und grobem Salz bestreuen.
Zu Stangerln einrollen. 20 Minuten rasten lassen.
Bei ca. 220 °C knusprig-braun indirekt grillen (etwa 15 Minuten).

Um den Geschmack noch zu verstärken, aus dem restlichen Knoblauch und Olivenöl eine Paste herstellen und die fertigen Stangerl damit einstreichen.

ROMANS TIPP

Brotteig für die Knoblauchstangerl Herstellen: siehe Seite S. 84

RINDFLEISCHBURGER
ERDÄPFELWEDGES
APFEL-TOPFEN-SCHMARREN
MARINIERTE MARILLEN

SOMMER

RINDFLEISCHBURGER / ERDÄPFELWEDGES

ZUTATEN FÜR 6 PERSONEN

Burgerlaibchen
500 g griffiges Mehl
1 Pkg. Trockengerm
1 EL Salz
½ EL Zucker
40 g Butter
¼ l Dunkel- oder Malzbier
Sesamkerne

Fleisch
1 kg Rindsfaschiertes
Rauchsalz oder Salz
Pfeffer, geschrotet
4 EL Petersilie, gehackt
3 EL Dijonsenf
2 Knoblauchzehen
2 Zwiebeln
2 Tomaten
Blattsalat

Wedges
½ kg speckige Erdäpfel
Salz
Olivenöl zum Marinieren

Burgerlaibchen
Mehl mit Germ, Salz und Zucker vermengen. Flüssige Butter und Bier (Zimmertemperatur) zugeben und zu einem Teig kneten. An einem warmen Ort ca. 30 Minuten rasten lassen.

Teigling in 6 oder 12 Laibe teilen und schleifen. Eine Seite etwas befeuchten und in eine Schüssel mit Sesam drücken. 20 Minuten rasten lassen. Bei 250 °C ca. 15 Minuten indirekt grillen.

Fleisch
Faschiertes nach Belieben mit Rauchsalz oder Salz und Pfeffer würzen. Mit gehackter Petersilie, Dijonsenf und geriebenem Knoblauch abschmecken. Gleichmäßige Laibchen formen und bei ca. 250 °C 10 Minuten je nach Stärke der Burger direkt am Rost oder auf einer Platte grillen. Nicht ganz durchgrillen, so bleiben sie saftiger!

Nach Belieben Burger mit Zwiebeln, Tomaten und Blattsalat zusammenstellen.

Wedges
Erdäpfel waschen und vierteln. Auf dem Rost bei ca. 220 °C 30 Minuten indirekt grillen, bis sie schön goldbraun sind. Mit Salz und Olivenöl marinieren.

APFEL-TOPFEN-SCHMARREN MARINIERTE MARILLEN

ZUTATEN FÜR 6 PERSONEN

Schmarren
500 g Topfen
3 Eier
¼ l Milch
Zesten von 1 Zitrone
100 g Zucker
2 EL Vanillezucker
3 EL Rum
180 g griffiges Mehl
Butter und Mehl für die Form
3 Äpfel

Marillen
250 g Marillen
100 g Zucker
2 EL Vanillezucker
Saft von ½ Zitrone
Schuss Weißwein nach Wunsch

Schmarren
Topfen, Eier, Milch, Zitronenzesten, Zucker, Vanillezucker und Rum mit dem Schneebesen vermengen. Danach das Mehl unterrühren. Ca. 1 Stunde rasten lassen.

Eine Grilltasse oder Auflaufform einbuttern und mit Mehl bestauben. Masse in die Form füllen.

Äpfel schälen, entkernen, in Spalten schneiden und auf den Auflauf legen. Bei ca. 200 °C 25 Minuten indirekt grillen. Dann auf ein Brett stürzen und in gleichmäßige Stücke reißen oder schneiden (wie für Kaiserschmarren).

Marillen
Marillen entkernen, vierteln und mit Zucker, Vanillezucker, Zitronensaft und eventuell Weißwein marinieren. Kurz in einer Grilltasse auf den Grill stellen, so werden die Früchte besonders aromatisch.

MARILLEN

sind ein wertvoller Nährstofflieferant und haben trotz des süßen Geschmacks einen sehr niedrigen Zuckergehalt. Sie enthalten Phenolsäure und haben eine positive Wirkung auf Ihre Gesundheit.
Marillen eignen sich für Süßspeisen, Säfte, Kuchen, Kompotte, Marmeladen oder auch Chutneys.

GEFÜLLTES MEDITERRANES WEISSBROT

LAUWARMER GRILLSALAT

SCHAFKÄSETASCHERL

MARKTTAG

WAS GIBT ES SCHÖNERES ALS EINE RIESIGE FEINKOSTTHEKE UNTER FREIEM HIMMEL!

Auf einem der zahlreichen Bauern- und Wochenmärkte macht das Einkaufen nicht nur am meisten Spaß – man lernt auch den Produzenten kennen. Hier gibt es Top-Qualität und noch dazu heimische saisonale Lebensmittel. Wenn diese nicht weit reisen müssen – umso besser! Nutzen Sie diese Märkte nicht nur zum Einkauf der hochwertigen Lebensmittel, sondern informieren Sie sich auch gleichzeitig über Lagerung, Haltbarkeit, Verarbeitung usw.

GEFÜLLTES MEDITERRANES WEISSBROT

ZUTATEN FÜR 6 PERSONEN

1 kg Mehl (Universal)
3 Pkg. Trockengerm
2 EL Salz
1 EL Zucker
600 ml lauwarmes Wasser
150 g Rucola
10 Basilikumblätter
100 g Parmesan
50 g Mozzarella, gerieben
30 g getrocknete Tomaten

Mehl, Germ, Salz und Zucker gut vermischen. Wasser untermengen, gut durchkneten und ca. 40 Minuten rasten lassen.

Teig in 2 oder 3 Stücke teilen und wie Pizzateig ausrollen.

Eine Hälfte mit den restlichen Zutaten belegen, zusammenklappen und ca. 30 Minuten rasten lassen. Im Kugelgrill ca. 25 Minuten bei ca. 250 °C indirekt grillen. Nach dem Grillen unbedingt 15–20 Minuten rasten lassen, dann wird der Teig weicher und die Aromen haben Zeit, sich im Brot zu entfalten.

LAUWARMER GRILLSALAT / SCHAFKÄSETASCHERL

ZUTATEN FÜR 6 PERSONEN

Grillsalat
3 Zucchini
2 Auberginen
4 Paprika (rot, gelb)
20 kleine Cocktailtomaten
2 Knoblauchzehen
2 EL Balsamicoessig
4 EL Olivenöl
Salz, Pfeffer
200 g Rucola

Schafkäsetascherl
800 g Feta
etwas Olivenöl
6 Cocktailtomaten
Salbei- oder Basilikumblätter

Grillsalat
Zucchini, Auberginen und Paprika putzen und in grobe Stücke schneiden (so, dass sie beim Grillen nicht durch den Rost fallen). Ohne zu würzen direkt grillen. Das Gemüse bekommt ein schönes Grillmuster und nimmt die typischen Röstaromen an. Die Tomaten zum Erwärmen ebenfalls auf den Rost legen.

Gemüse vom Rost nehmen und großzügig schneiden. Die Haut der Auberginen entfernen, sie ist oft zäh. Den Knoblauch in den Salat reiben und mit Balsamicoessig, Olivenöl und Salz und Pfeffer marinieren. Kurz vor dem Anrichten den Rucola unter den Grillsalat mischen.

Schafkäsetascherl
Feta in 5 x 5 cm große Stücke schneiden. Auf ein kleines Stück Alufolie 3–4 Tropfen Olivenöl geben und je ein Stück Feta. 2 Scheiben Tomate und ein Basilikum- oder Salbeiblatt darauflegen. Verschließen und bei ca. 200 °C 10 Minuten indirekt grillen. Die Tascherl zum Grillsalat oder als Beilage zu Huhn oder Fisch servieren.

ROMANS TIPP

Alternativzutaten für gefülltes Weißbrot: Blattspinat, Speck oder Bergkäse.

Vor dem Grillen des Gemüses den Rost gut einölen, damit nichts kleben bleibt!

RINDSFILETSCHEIBEN
RUCOLA / BAGUETTE
BBQ-SCHOPF
FRÜHKRAUT

RINDSFILETSCHEIBEN / RUCOLA / BAGUETTE

ZUTATEN FÜR 6 PERSONEN

100 g Rucola
Saft von 1 Zitrone
Olivenöl zum Marinieren
1 Baguette
500 g Rindsfilet
Salz, Pfeffer
20 g Parmesan

Rucola mit Zitronensaft und Olivenöl marinieren. Das Baguette aufschneiden und mit dem Salat belegen.

Rindsfilet in ½ cm dünne Scheiben schneiden. Mit Salz und Pfeffer würzen und bei ca. 280 °C ½ Minute auf jeder Seite direkt grillen.

Auf die vorbereiteten Baguettes legen. Parmesan, gerieben oder in Stücken, darüberstreuen, Deckel aufsetzen und mit einem scharfen Messer portionieren.

BBQ-SCHOPF / FRÜHKRAUT

ZUTATEN FÜR 6 PERSONEN

BBQ-Schopf
1,8 kg Surschopf
Wacholderbeeren, Lorbeerblatt, Knoblauch

Frühkraut
800 g Frühkraut
Salz
200 g Speck
3 Knoblauchzehen
ca. ⅛ l Apfelessig
1 EL Kümmel
Pfeffer
½ l Wasser
Pfeffer
Rapsöl zum Abschmecken

BBQ-Schopf
Surschopf muss nicht gesalzen werden – nur mit Wacholderbeeren, Lorbeerblatt und Knoblauch würzen. Bei ca. 230 °C auf dem Rost bei indirekter Hitze ca. 2,5 Stunden grillen. Bei 80 °C Kerntemperatur ist der Schopf fertig. Vor dem Anschneiden mindestens 30 Minuten in der Alufolie rasten lassen.

Frühkraut
Kraut in dünne Streifen schneiden und ca. 1 Stunde vor dem Grillen mit 3–4 EL Salz einsalzen. Speck ebenfalls in Streifen schneiden und in einer Grillpfanne mit in Scheiben geschnittenem Knoblauch direkt grillen.

Sobald der Speck knusprig ist, das Kraut dazugeben und mit etwas Apfelessig ablöschen. Mit Kümmel und Pfeffer würzen. Mit Wasser aufgießen, etwa 15 Minuten dünsten lassen. Wenn das Kraut weich ist, mit Essig, Salz und Rapsöl abschmecken und zum BBQ-Schopf servieren.

SURFLEISCH

nennt man Fleisch, das durch Salzen (Pökeln) haltbar gemacht wird. Dieses Konservierungsverfahren geht bis in die Antike zurück und ist vor allem in Ost-Österreich sehr weit verbreitet. Durch das Verwenden von Pökelsalz kommt es zur sogenannten Umrötung, das heißt, das Fleisch bekommt eine rote Färbung.

GERÄUCHERTES FORELLENFILET
ERDÄPFELCHIPS

GEGRILLTER ROSTBRATEN / GRILLGEMÜSE

ÜBERBACKENES EIS
MARINIERTE KIRSCHEN

GERÄUCHERTES FORELLENFILET ERDÄPFELCHIPS

ZUTATEN FÜR 6 PERSONEN

Forellen
6 Forellenfilets
Saft von 1 Zitrone
Fleur de Sel

Erdäpfelchips
300 g speckige Erdäpfel
2 Zweige Zitronenthymian
Salz
Olivenöl

Einen Kugelgrill mit ca. 6 Briketts anheizen, die Temperatur im Grill darf nicht über 120 °C betragen. Filets mit Zitronensaft beträufeln, salzen und indirekt auf den Grill legen.

Zur Kohle Buchenspäne hinzufügen. Wenn sie zu rauchen beginnen, Deckel auf den Grill geben und die Filets etwa 15 Minuten im Grill räuchern.

Erdäpfel mit der Schale in Scheiben schneiden und indirekt ca. 15 Minuten bei 250 °C grillen. Vom Rost nehmen und mit Zitronenthymian, Salz und Olivenöl marinieren.

GEGRILLTER ROSTBRATEN GRILLGEMÜSE

ZUTATEN FÜR 6 PERSONEN

Rostbraten
1,8 kg Rostbraten (oder Hinteres Ausgelöstes)
Fleur de Sel, Pfeffersteak-Mischung
5 EL Olivenöl
⅛ l Bier

Grillgemüse
6 Frühlingszwiebeln
2 Zucchini
3 Paprika

Rostbraten
Rindfleisch salzen, würzen und im Kugelgrill indirekt garen (der Grill sollte eine Temperatur von maximal 200 °C haben). Zur Kohle immer wieder Buchenholz geben, damit das Fleisch ein unvergleichliches Raucharoma bekommt.

Ca. 4 Stunden grillen, bis eine Kerntemperatur von 85 °C erreicht ist. Anschließend ca. 40 Minuten in Alufolie rasten lassen (also ca. 5 Stunden, bevor die Gäste kommen, mit dem Grillen anfangen).

Nach dem Rasten aufschneiden. Olivenöl und Bier gut verrühren, jedes Stück Fleisch gut mit der Marinade einstreichen.

Grillgemüse
Während das Rindfleisch rastet, die Resthitze am Grill nutzen, um das in grobe Stücke geschnittene Gemüse zu grillen. Mit Salz und Olivenöl würzen und zum Rindfleisch anrichten.

ROMANS TIPP

Achten Sie beim Kauf von Rindfleisch besonders darauf, dass es eine schöne rote Farbe hat und gut marmoriert ist! Es sollte außerdem mindestens 10 Tage gereift sein.

ÜBERBACKENES EIS MARINIERTE KIRSCHEN

ZUTATEN FÜR 6 PERSONEN

18 Biskotten
ca. ¼ l Rum
7 Eiweiß
3 EL Vanillezucker
18 Kugeln Kirscheneis
500 g Kirschen

Kugelgrill auf ca. 250 °C vorheizen.

Biskotten in einem Bräter oder in einer Alutasse dicht auflegen und mit Rum beträufeln. Eiweiß mit 2 EL Vanillezucker zu Schnee schlagen.

Eis auf den marinierten Biskotten verteilen und gut mit dem Eischnee einstreichen, damit es nicht so leicht schmilzt.

Ca. 6 Minuten bei 250 °C indirekt auf dem Grill überbacken. Sobald der Eischnee eine schöne braune Farbe hat, vom Grill nehmen und sofort servieren.

Während des Grillens Kirschen entkernen. Mit restlichem Vanillezucker und etwas Rum marinieren und auf dem überbackenen Eis anrichten.

KIRSCHEN

enthalten wichtige Vitamine und Mineralstoffe, sind sehr gesundheitsfördernd und wirken durch den hohen Kalium-Gehalt entwässernd. Kirschen verwenden Sie für Kuchen, Süßspeisen, Aufläufe, Kompott, Marmeladen, Chutneys, Salate, Säfte usw.

GRILL-WORKSHOP FÜR KINDER

Mit Kindern kochen ist immer ein besonderes Erlebnis. Ihre Begeisterungsfähigkeit beim Zubereiten von leckeren Gerichten überträgt sich stets auf alle Beteiligten. Deshalb habe ich beschlossen, im Rahmen eines Ferienprogramms in Kirchberg an der Pielach einen Grill-Workshop für Kinder anzubieten. Der Kurs war für 20 Kinder vorgesehen – zu meinem Erstaunen waren alle Plätze innerhalb kürzester Zeit ausgebucht!

Schon eine Stunde vor Beginn des Grillkurses versammelten sich die zukünftigen Nachwuchsgrillmeister, um mir beim Aufbau und bei den Vorbereitungen zuzusehen. Dann ging es los. Ich habe einen speziellen Speiseplan erstellt, der auf die Essensvorlieben von Kindern ausgerichtet war: Prinzessinnen-Würstel, verschiedene Spieße und Erdäpfel-Wedges …

Am enthusiastischsten waren die Kinder bei der Pizza vom Grill: Ich bereitete einen Pizzateig vor, und die Jungs und Mädels durften diesen selbst belegen. Der Fantasie waren dabei keine Grenzen gesetzt. Verschiedenste Gesichter, Häuser und Landschaften entstanden auf den Pizzateigen – es sah nicht nur gut aus, sondern es schmeckte auch ausgezeichnet.

Am Ende gab es noch ein weiteres Highlight, einen kleinen „Zuckerschock": Marshmallow-Erdbeer-Spieße, mmmh! Alle Kids waren happy, und nach einer kleinen Verschnaufpause verabschiedeten sie sich ins Freibad.

KURZ GEBRATENES
BEEF TATAR
SAIBLINGSFILET
ERDÄPFEL-GURKEN-MELANGE

KURZ GEBRATENES BEEF TATAR

ZUTATEN FÜR 6 PERSONEN

500 g Rindsfilet
60 g Schalotten
2 Essiggurkerl
1 EL Kapern
Rauchsalz
1 Handvoll Petersilie, gehackt
1 EL Dijonsenf
1 EL Cognac
6 Scheiben Toastbrot

Rindsfilet fein hacken oder vom Fleischhacker grob durch den Fleischwolf drehen lassen.

Schalotten, Essiggurkerl und Kapern einzeln klein hacken. Mit Fleisch, Rauchsalz, Petersilie, Senf und Cognac vermengen.

Tatar zu kleinen Laibchen formen und maximal 10–15 Sekunden auf jeder Seite anbraten (es sollten nicht zu viel Röstaromen entstehen). Mit getoastetem Weißbrot anrichten.

ROMANS TIPP

Für das Beef Tatar können Sie auch Hüftsteaks oder Beiried verwenden, das schont Ihre Börse!

Achten Sie dabei allerdings auf Topqualität!

SAIBLINGSFILET ERDÄPFEL-GURKEN-MELANGE

ZUTATEN FÜR 6 PERSONEN

Saiblingsfilet
12 Saiblingsfilets
Saft von 2 Zitronen
Salz
Öl zum Braten

Erdäpfel-Gurken-Melange
600 g speckige Erdäpfel
Salz
1 Gurke
¼ l Schlagobers
1 Handvoll Dill, gehackt
Saft von 1 Zitrone
20 g Butter

Saiblingsfilet
Sofern notwendig, restliche Gräten und Flossen von den Filets entfernen.

Filets mit der Hautseite auf eine Küchenrolle legen und ca. 20 Minuten trocknen lassen. Auf der Fleischseite mit Zitronensaft und Salz würzen. In einer Pfanne auf der Hautseite in etwas Öl ca. 2 Minuten anbraten. Von der Hitze nehmen, Filets umdrehen und ca. 2 Minuten zugedeckt ziehen lassen.

Erdäpfel-Gurken-Melange
Erdäpfel schälen und in Würfel schneiden. In Salzwasser 5 Minuten bissfest kochen und abseihen. Gurke schälen, entkernen und in Würfel schneiden. Erdäpfel mit ⅔ des Schlagobers ca. 4–5 Minuten einkochen (das Schlagobers dickt durch das Einkochen und die Stärke der Erdäpfel ein).

Gurkenstücke und Dill unterrühren, mit Salz und Zitronensaft abschmecken. Restliches Schlagobers schlagen und mit der würfelig geschnittenen Butter unterheben. Die Gurken-Erdäpfel-Melange darf zu diesem Zeitpunkt nicht mehr kochen!

SAIBLING

hat ein sehr fettarmes, festes Fleisch und ist einer der beliebtesten heimischen Speisefische.
Er ist leicht verträglich und reich an hochwertigem Eiweiß. Im Sommer am Grill oder kurz gebraten zu Salat oder Gemüse, aber auch als Tatar sehr empfehlenswert.

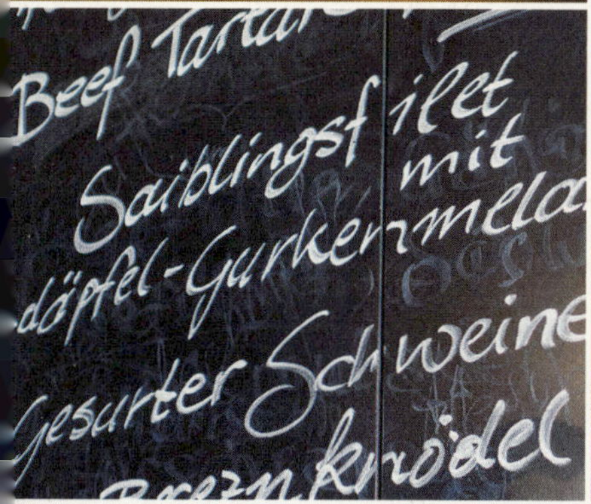
Beef Tartar
Saiblingsfilet mit
däpfel-Gurken
Gesurter Schweine
knödel

REHNÜSSCHEN STEINPILZ-SERVIETTENKNÖDERL BIRNENCONFIT MOHN-KÜRBIS-STRUDEL

REHNÜSSCHEN / STEINPILZ-SERVIETTEN-KNÖDERL / BIRNENCONFIT

ZUTATEN FÜR 6 PERSONEN

Steinpilz-Serviettenknöderl
2 Schalotten
200 g Steinpilze
50 g Butter
½ l Milch
Salz, Muskat
200 g Semmelwürfel
2 EL Petersilie, gehackt
3 Eier
Butter oder Olivenöl zum Anbraten

Rehnüsschen
1,5 kg Rehnüsschen
Rosmarin, Thymian, Lorbeerblatt,
Salz, Pfeffer
Öl zum Anbraten

Birnenconfit
2 Schalotten
20 g Butter
2 feste Birnen
5 EL Birnenbrand
1 TL weißer Balsamicoessig
1 daumengroßes Stück
Ingwerknolle
1 Gewürznelke, ½ Zimtstange
2 TL Honig
Salz

Steinpilz-Serviettenknöderl
Schalotten und Steinpilze würfelig schneiden und in Butter bei geringer Hitze glasig anschwitzen. Mit der Milch aufgießen und 4–5 Minuten köcheln lassen. Milch mit Salz und Muskat würzen, damit sich die Gewürze gut verteilen können. Die Semmelwürfel dazugeben, gut verrühren.

Masse etwa 30 Minuten auskühlen lassen. Petersilie und Eier einrühren, in Frischhaltefolie wickeln und ca. 20 Minuten in Salzwasser kochen. Auswickeln, in Scheiben schneiden und nochmals kurz in Butter oder Olivenöl anbraten.

Rehnüsschen
Fleisch mit den Kräutern, Salz und Pfeffer würzen und scharf anbraten. Auf einem Gitter/Rost über einem Bräter ca. 15 Minuten bei 180 °C Heißluft im Backrohr garen. Vor dem Anschneiden 10 Minuten rasten lassen.

Birnenconfit
Schalotten fein schneiden und in Butter glasig anschwitzen. Die Birnen schälen, entkernen und in kleine Würfel geschnitten zu den Schalotten geben.

Mit Birnenbrand und Balsamicoessig ablöschen. Ingwer hineinreiben, die restlichen Zutaten dazugeben. Ca. 10 Minuten köcheln lassen.

ROMANS TIPP

Für die Steinpilz-Serviettenknöderl können Sie auch getrocknete Schwammerl nehmen.

Verwenden Sie hochwertige Semmelwürfel, am besten vom Bäcker. Sie sollten auf keinen Fall zu trocken sein.

MOHN-KÜRBIS-STRUDEL

ZUTATEN FÜR 6 PERSONEN

¼ l Milch
½ Zimtstange, 2 Gewürznelken
250 g Hokkaidokürbis
250 g Mohn
1 Apfel
2–3 EL Honig
20 g Butter
1 Ei
3 Blätter Strudelteig

Milch erhitzen, Zimtstange und Gewürznelken ca. 10 Minuten darin ziehen lassen.

Kürbis waschen und in Würfel schneiden. In der Milch ca. 5 Minuten kochen, Mohn zufügen. Masse in eine Schüssel geben, Nelken und Zimtstange entfernen. Apfel in die Masse reiben und Honig dazugeben.

Butter schmelzen und mit dem Ei versprudeln. Strudelteig auflegen und an den Rändern mit der Ei-Butter-Mischung bepinseln. Die Masse auf dem Teig verteilen und einrollen. Auf Backpapier legen und nochmals mit Ei-Butter-Gemisch bestreichen. Ca. 30 Minuten bei 180 °C Heißluft im Backrohr backen.

ROMANS TIPP

Kürbis ist kalorienarm und hat viele Nährstoffe. Er ist sehr vielseitig und somit für Suppen, Aufläufe, Chutneys, Mehlspeisen, Salate und auch Marmeladen zu verwenden.

Hokkaidokürbis kann man auch mit der Schale verarbeiten!

ERDÄPFEL-BLUNZEN-TURM

GESCHMORTE LAMMHAXEN SPECKFISOLEN ERDÄPFEL-KÜRBIS-GRATIN

FISOLEN

sollten nur im gegarten Zustand verzehrt werden, sind ballaststoffreich und fördern dadurch die Verdauung. Fisolen kann man für Suppen, Gemüse- und Currygerichte, Eintöpfe und Salate verwenden.

ERDÄPFEL-BLUNZEN-TURM

ZUTATEN FÜR 6 PERSONEN

200 g Erdäpfel
Öl zum Braten
Salz, Pfeffer, Kümmel
200 g Blunzen
100 g Zwiebel
2 EL Schweineschmalz
50 g frischer Kren
Petersilie, gehackt

Die Erdäpfel in Scheiben schneiden, 5 Minuten kochen und in einer Pfanne goldbraun anbraten. Auf einem Teller mit Küchenpapier abtupfen und mit Salz, Pfeffer und ganzem Kümmel würzen. Die Blunzen in Scheiben schneiden und ebenfalls anbraten.

Zwiebel klein schneiden und im Schweineschmalz schön goldbraun rösten.

Abwechselnd je 1 Scheibe Erdäpfel und 1 Scheibe Blunzen zu einem kleinen Turm stapeln, dazwischen immer 1 TL geröstete Zwiebel geben und mit einem Spieß fixieren.

Ca. 7–8 Minuten bei 150 °C Heißluft im Backrohr braten. Mit frisch geriebenem Kren und Petersilie garnieren.

ALL ABOUT

GESCHMORTE LAMMHAXEN SPECKFISOLEN / ERDÄPFEL-KÜRBIS-GRATIN

ZUTATEN FÜR 6 PERSONEN

Lammhaxen
1,7 kg Lammhaxen mit Knochen
Salz, Pfeffer
300 g Wurzelgemüse, geschnitten
2 Schalotten, geschnitten
3 Knoblauchzehen, geschnitten
1 EL Tomatenmark
½ l Rotwein
Rosmarin, Thymian
Maisstärke nach Bedarf

Speckfisolen
100 g Speck
100 g Schalotten
400 g Fisolen
Salz, Pfeffer, Thymian

Erdäpfel-Kürbis-Gratin
3 Schalotten
Olivenöl zum Braten
500 g Erdäpfel
500 g Hokkaidokürbis
½ l Schlagobers
Salz, Muskat
100 g Parmesan

Lammhaxen
Das Fleisch mit Salz und Pfeffer würzen und kurz auf allen Seiten anbraten. Aus dem Topf nehmen und Wurzelgemüse, Schalotten und Knoblauch im Bratansatz rösten. Tomatenmark kurz mitbraten, mit Rotwein und ca. 1 Liter Wasser aufgießen.

Lammhaxen und frische Kräuter dazugeben und bei 180 °C Ober-/Unterhitze für ca. 75 Minuten mit einem Deckel oder Backpapier zugedeckt im Backrohr schmoren. Vor dem Anschneiden 15 Minuten rasten lassen.

Speckfisolen
Speck würfelig schneiden und in einer Pfanne ohne Fett braten (warten, bis der Speck in seinem eigenen Fett brät). Wenn der Speck etwas ausgelassen ist, die in Würfel geschnittenen Schalotten dazugeben und die Mischung goldbraun braten.

Die Fisolen in beliebig große Stücke schneiden und bissfest (ca. 5 Minuten) im Salzwasser kochen. Im kalten Wasser abschrecken und zum Speck geben. Mit Pfeffer, Thymian und etwas Salz würzen. Falls die Konsistenz der Sauce zu dünn ist, mit Maisstärke eindicken.

Erdäpfel-Kürbis-Gratin
Schalotten würfelig schneiden und in Olivenöl goldbraun anrösten. Erdäpfel und Kürbis in dünne Scheiben schneiden und zu den Schalotten geben. Kurz durchrösten, mit Schlagobers aufgießen und 2 Minuten köcheln lassen.

Gratin mit Salz und Muskat würzen und in eine Gratinform füllen. Den geriebenen Parmesan darüberstreuen und bei 200 °C ca. 30 Minuten im Rohr backen.

PALATSCHINKEN-SAFARI
AVOCADOCREME
SCHNITTLAUCHDIP
BUNTES GEMÜSE
TOPFEN-NOUGAT-KNÖDERL

PALATSCHINKEN-SAFARI / AVOCADOCREME SCHNITTLAUCHDIP / BUNTES GEMÜSE

ZUTATEN FÜR 6 PERSONEN

Palatschinken
1 l Milch
4 Eier
350 g griffiges Mehl
Salz, Muskat
Öl zum Braten
Blattspinat, Petersilie oder Basilikum nach Geschmack

Avocadocreme
2 reife Avocados
¼ l Joghurt
2 Knoblauchzehen, gepresst
Saft von ½ Zitrone
Salz

Schnittlauchdip
¼ l Crème fraîche
Schnittlauch
Salz, Pfeffer

Gemüse
1 roter Paprika
300 g Rucola
½ Gurke
10 Cocktailtomaten
100 g Mais
100 g Kresse
200 g Feta
100 g Parmesan, gerieben
50 g Blattspinat

Palatschinken
Aus Milch, Eiern und Mehl einen Palatschinkenteig herstellen, mit Salz und Muskat würzen. In der Pfanne ausbraten. Um grüne Palatschinken zu bekommen, mixen Sie Milch und Eier je nach Geschmack mit Blattspinat, Petersilie oder Basilikum.

Avocadocreme
Avocados schälen und entkernen. Mit Joghurt, Knoblauch, Zitronensaft und etwas Salz pürieren.

Schnittlauchdip
Crème fraîche mit geschnittenem Schnittlauch, Salz und Pfeffer verrühren.

Gemüse
Alle angegebenen Zutaten getrennt schneiden und in kleinen Schüsseln anrichten. Bis auf Rucola, Kresse und Parmesan können alle Zutaten für ca. 10 Minuten bei 80 °C Ober-/Unterhitze ins Backrohr, wenn warme Füllungen gewünscht sind.

ROAST-BEEF
Bohnen-

TOPFEN-NOUGAT-KNÖDERL

ZUTATEN FÜR 6 PERSONEN

250 g Topfen
2 Dotter
1 EL Vanillezucker
Salz
100 g Zucker
Zesten von ½ Zitrone
6 Scheiben Toastbrot
100 g Nougat
40 g Butter
100 g Brösel
etwas Zimt
250 g Beeren der Saison

Topfen, Dotter, Vanillezucker, eine Prise Salz, 50 g Zucker und Zesten vermengen. Toastbrot entrinden, in kleine Würfel schneiden und unter die Masse rühren. Kleine Laibchen formen, in Stücke geschnittenes Nougat darin einpacken. Die Knödel in Salzwasser ca. 10 Minuten köcheln lassen.

Butter in einer Pfanne flüssig werden lassen, Brösel einrühren und im Backrohr bei ca. 180 °C 10 Minuten goldbraun rösten. 25 g Zucker und Zimt zugeben, die gekochten Knöderl in der Mischung wälzen.

Die geputzten Beeren in einem Topf zum Kochen bringen. Restlichen Zucker dazugeben. Einkochen lassen, bis die Konsistenz cremig wird, zu den Knöderln anrichten.

FRANZÖSISCHE ZWIEBELSUPPE KÄSECROÛTONS

GEBRATENES ROAST-BEEF / SPECKFISOLEN ERDÄPFEL-MASH

ZWETSCHKENKUCHEN

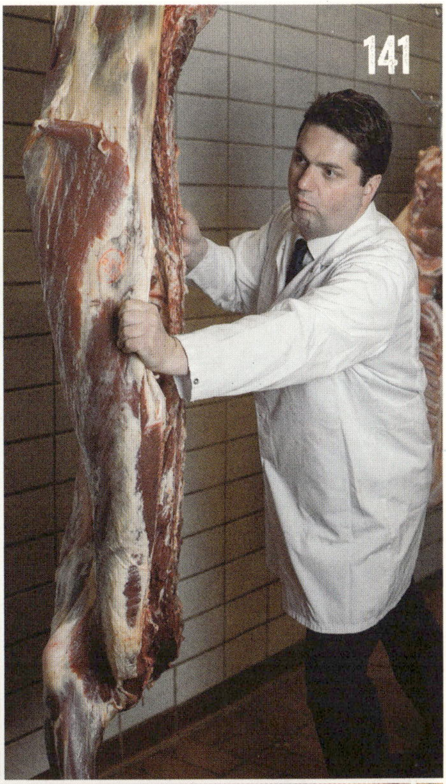

DAS IST DER STROHMAIER ERNST. FLEISCHHAUER MEINES VERTRAUENS.

Ganz ungezwungen wollten wir bei meinem Lieblingsfleischer Ernst Strohmaier fotografieren. So einfach war das aber nicht. „Ohne Hemd und Krawatte geht das schon mal gar nicht", hat er gemeint. So proper wie der Fleischhauer sind nämlich auch seine Produkte. Da wird peinlich genau auf jedes Detail, auf Optik und Qualität geachtet. Und das Beste daran: alles nur ein paar Kilometer von meinem Zuhause entfernt.

Das Achterl nach getaner Arbeit gehört da natürlich dazu, oder: »Der Durst kennt ka Uhrzeit«, wie der Ernst zu sagen pflegt.

FRANZÖSISCHE ZWIEBELSUPPE KÄSECROÛTONS

ZUTATEN FÜR 6 PERSONEN

Zwiebelsuppe
5 Zwiebeln
Cognac und Weißwein zum Ablöschen
Thymian, Lorbeerblatt, Wacholderbeeren
2 l Rindssuppe oder Wasser
Salz, Pfeffer

Käsecroûtons
1 Ei
80 g Käse, gerieben
Salz, Muskat
1 Handvoll Petersilie, gehackt
2 Scheiben Toastbrot

Französische Zwiebelsuppe
Zwiebeln in feine Streifen schneiden und in einem Topf braun anrösten. Mit Cognac und Weißwein ablöschen. Thymian, Lorbeerblatt und Wacholderbeeren dazugeben, mit Suppe oder Wasser aufgießen. Etwa 30 Minuten köcheln, mit Salz und Pfeffer abschmecken.

Käsecroûtons
Ei und Käse vermengen. Mit Salz, Muskat und gehackter Petersilie würzen und auf das Toastbrot streichen. Bei 200 °C Heißluft ca. 12 Minuten goldbraun backen und in Rauten schneiden.

In der heißen Zwiebelsuppe servieren.

GEBRATENES ROASTBEEF / SPECKFISOLEN ERDÄPFEL-MASH

ZUTATEN FÜR 6 PERSONEN

Roastbeef
1,5 kg Beiried, zugeputzt
Rauchsalz oder Salz, grober Pfeffer
3 EL Dijonsenf
Öl zum Anbraten
ca. 3 Knoblauchzehen

Speckfisolen
300 g Fisolen
Salz, Pfeffer, Thymian
Olivenöl zum Abschmecken
2 Knoblauchzehen, gerieben
100 g Speckscheiben

Erdäpfel-Mash
600 g mehlige Erdäpfel
¼ l Milch
⅛ l Sauerrahm
1 roter Paprika
Salz, Muskat
30 g Butter

Roastbeef
Das Fleisch salzen und pfeffern und mit Dijonsenf einreiben. Mit dem Knoblauch auf allen Seiten anbraten und auf einem Gitter über einer Bratform ca. 40 Minuten bei 180 °C Heißluft im Backrohr garen. Vor dem Anrichten unbedingt 20 Minuten rasten lassen (entweder im noch warmen Ofen oder rausnehmen und in Alufolie einwickeln).

Speckfisolen
Fisolen waschen, Enden abschneiden und in Salzwasser bissfest kochen. In einer Schüssel mit kaltem Wasser abschrecken. Mit Salz, Pfeffer, Thymian und Knoblauch würzen und zu schönen Bündeln in Speck einwickeln. Kurz in einer Pfanne anbraten.

Erdäpfel-Mash
Die Erdäpfel schälen, vierteln und kochen, bis sie sehr weich sind. Wasser abgießen, den Topf mit den Erdäpfeln wieder aufstellen. Milch dazugeben, mit einem Schneebesen glatt rühren. Rahm und Paprikawürfel einrühren, mit Salz, Muskat und Butter abschmecken.

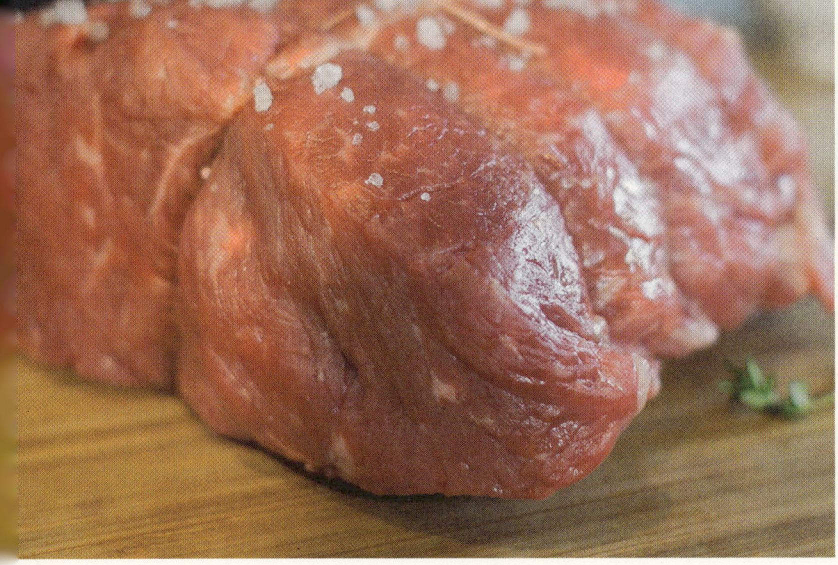

ZWETSCHKENKUCHEN

ZUTATEN FÜR 6 PERSONEN

9 Eier
800 g Zwetschken
400 g Staubzucker
3 EL Vanillezucker
Zesten von 1 Zitrone
350 g Butter
400 g griffiges Mehl
Butter für die Form

Eier trennen. Eiweiß zu Schnee schlagen. Zwetschken waschen und entkernen.

Staubzucker, Vanillezucker und Zitronenzesten mit weicher Butter schaumig schlagen. Dotter langsam einrühren, Mehl und Eischnee abwechselnd unter die Masse heben.

Teig in eine befettete Form füllen. Zwetschken mit Schnittfläche nach oben eng auflegen und leicht andrücken. Bei 180 °C Heißluft ca. 40 Minuten backen.

WOLFSBARSCHFILET ARTISCHOCKEN & PAPRIKA

RINDSROULADEN BOHNEN-KNOBLAUCH-PÜREE

DIE ARTISCHOCKE

hat sehr viele wichtige Inhaltsstoffe, wie Vitamin C, E, Provitamin A und Vitamin B1, außerdem Mineralstoffe und Spurenelemente, die sehr positiv auf unseren Organismus wirken!

Als Gemüse oder Salat ist die Artischocke ein kleiner Wunderheiler.

NATURE
VAUDE

WOLFSBARSCHFILET ARTISCHOCKEN & PAPRIKA

ZUTATEN FÜR 6 PERSONEN

Wolfsbarschfilet
500 g Wolfsbarschfilet
Fleur de Sel
Saft von 1 Zitrone
Rosmarin
1 Knoblauchknolle, halbiert
Olivenöl zum Braten und Beträufeln

Artischocken & Paprika
300 g Artischocken
Zitronensaft
200 g Paprika
Olivenöl zum Anbraten
2 EL Balsamicoessig
20 g Butter
Salz, Petersilie

Wolfsbarschfilet
Fischfilets entgräten und mit der Hautseite auf Küchenpapier legen, damit sich die Haut beim Bratvorgang leichter löst.

Filets halbieren, mit Salz und Zitronensaft würzen. Mit Rosmarin und Knoblauch auf der Hautseite anbraten. Auf die mittlere Stufe schalten und einen Deckel auf die Pfanne legen, um den Fisch auch von oben zu garen.

Nach 2–3 Minuten sollte der Fisch schön glasig sein und kann auf dem Artischocken-Paprika-Gemüse angerichtet werden. 2 EL Zitronensaft und 2 EL Olivenöl mischen und den Wolfsbarsch nach dem Braten damit beträufeln, das hebt den Geschmack!

Artischocken & Paprika
Die Artischocken putzen und in Scheiben schneiden. In Zitronenwasser einlegen, damit sie nicht braun werden.

Paprika schälen und in Stifte schneiden.

Artischocken in etwas Olivenöl scharf anbraten, Paprika kurz durchziehen lassen, mit Balsamicoessig ablöschen. Das Gemüse vom Herd nehmen, Butterwürfel darunterziehen, salzen und gehackte Petersilie hinzufügen.

ROMANS TIPP

Beim Fischbraten sollte die Haut immer trocken sein, dann bleibt sie nicht in der Pfanne kleben!

RINDSROULADEN BOHNEN-KNOBLAUCH-PÜREE

ZUTATEN FÜR 6 PERSONEN

Rindsrouladen
2 Schalotten
2 EL Dijonsenf
6 Rindsschnitzel, geklopft
Salz, Pfeffer
1 Karotte
1 Gelbe Rübe
¼ Knolle Sellerie
150 g Speck (dick geschnitten)
2 Essiggurkerl
Öl zum Braten
½ l Rotwein
½ l Wasser oder Rindssuppe
Maisstärke nach Bedarf

Bohnen-Knoblauch-Püree
300 g weiße Bohnen, getrocknet
4 Schalotten
7–8 Knoblauchzehen
Öl zum Braten
¼ l Milch
¼ l Wasser
Salz, Muskat
20 g Butter
Schale von einem roten Paprika

Rindsroulade
Schalotten in kleine Würfel schneiden und mit dem Dijonsenf vermischen.

Rindsschnitzel mit Salz und Pfeffer würzen und mit der Senf-Zwiebel-Paste bestreichen.

Wurzelgemüse, Speck und Gurkerl in Stifte schneiden und auf die Rindsschnitzel legen (übrig bleibendes Gemüse und Speck für die weitere Verwendung zur Seite stellen). Zu einer Roulade einrollen und mit einem Zahnstocher fixieren. Rouladen nochmals salzen und pfeffern und scharf anbraten.

Bratrückstand mit Rotwein und Suppe oder Wasser aufgießen, restliches Wurzelwerk und restlichen Speck dazugeben. Rouladen ca. 1 Stunde bei 180 °C Ober-/Unterhitze garen, den Bräter dabei mit Backpapier oder Deckel abdecken.

Fleisch aus dem Saft nehmen. Saft auf die gewünschte Konsistenz einreduzieren. Falls die Konsistenz zu dünn ist, mit etwas Maisstärke eindicken.

Bohnen-Knoblauch-Püree
Bohnen ca. 10 Stunden in Wasser einlegen (dadurch werden aus 300 g trockenen Bohnen 600 g).

Schalotten und Knoblauch schälen und schneiden. Leicht anrösten, die Bohnen zugeben und mit Milch und Wasser aufgießen.

Kochen, bis die Bohnen weich sind (ca. 30 Minuten). Dann mit Salz und Muskat würzen und pürieren. Nochmals erwärmen, Butter unterrühren.

Während die Bohnen kochen, Paprikaschale feinnudelig schneiden und ca. 30 Minuten in kaltes Wasser legen. Sie ringelt sich ein und ergibt eine wunderschöne, farblich spannende Dekoration, die auch noch gut schmeckt.

ERDÄPFEL-LAUCH-LAIBCHEN
RUCOLA-SPROSSEN-SALAT
SCHOKOMOUSSE

GARTENKRESSE UND SPROSSEN

sind leicht scharf im Geschmack und reich an dem Mineralstoff Kalzium sowie Vitamin C. Sprossen mit ihrem intensiv aromatischen Geschmack sind eine vitaminreiche Ergänzung in jeder Küche, die auch sehr ballaststoffreich sind.

So klein die Sprossen auch sind, sie haben es wirklich in sich. In den Herbst- und Wintermonaten bringen Kresse und Sprossen in Sachen frisches Gemüse eine willkommene Abwechslung für Dips, Salate, zu Gemüse oder einfach zum Knabbern.

ERDÄPFEL-LAUCH-LAIBCHEN RUCOLA-SPROSSEN-SALAT

ZUTATEN FÜR 6 PERSONEN

Erdäpfel-Lauch-Laibchen
600 g speckige Erdäpfel
300 g Lauch
Öl zum Braten
200 g Feta
Salz, Muskat
1 Handvoll Petersilie, gehackt
4 Dotter

Rucola-Sprossen-Salat
200 g Sprossen
200 g Rucola
200 ml Joghurt
Saft von 1 Zitrone
⅛ l Wasser
Salz
Olivenöl zum Marinieren
1 EL Sonnenblumenkerne, geröstet
1 EL Sesamkörner

Erdäpfel-Lauch-Laibchen
Erdäpfel mit der Schale bissfest kochen, sie sollten nicht ganz weich werden. Schälen, grob reiben und auskühlen lassen.

Lauch in dünne Streifen schneiden, in einer Pfanne 2–3 Minuten braten und zu den Erdäpfeln geben. Feta in Stücke brechen oder in Würfel schneiden und unter die Erdäpfelmasse rühren. Mit Salz, Muskat und Petersilie abschmecken. Dotter hinzufügen.

Laibchen formen und in etwas Öl braten. Auf ein Blech legen, 7–8 Minuten im Backrohr bei 180 °C Heißluft fertig backen.

Rucola-Sprossen-Salat
Sprossen und Rucola gut waschen. Joghurt, Zitronensaft, Wasser, Salz und Olivenöl verrühren, Salat damit marinieren. Geröstete Sonnenblumenkerne und Sesam verleihen dem Salat den letzten Schliff.

SCHOKOMOUSSE

ZUTATEN FÜR 6 PERSONEN

250 g Kuvertüre
5 Dotter
50 g Zucker
2 Blatt Gelatine
¼ l Schlagobers
frische Beeren der Saison zum Dekorieren

Kuvertüre über Wasserdampf zum Schmelzen bringen, auskühlen lassen.

Dotter und Zucker über Dampf aufschlagen, anschließend ca. 3 Minuten über Eiswürfeln bzw. eiskaltem Wasser kalt schlagen.

Gelatine in Wasser einlegen, bis sie weich ist (ca. 5 Minuten). In einem Topf mit etwas Schlagobers oder Schokolade erwärmen. Restliches Schlagobers schlagen, abwechselnd Dotter, Kuvertüre und Gelatine langsam unterheben. Alle Zutaten sollten Zimmertemperatur haben, sonst kann das geschlagene Schlagobers zusammenfallen.

In Gläser abfüllen und kalt stellen. Nach ca. 2 Stunden aus dem Kühlschrank nehmen und mit frischen Beeren der Saison garnieren.

ROMANS TIPP

Die Gelatine darf nicht kochen, da sie sonst nicht mehr fest werden kann.

GESURTER SCHWEINEBAUCH BREZEN-AUFLAUF SCHALOTTEN & KNOBLAUCH

ÜBERBACKENE DIRNDL-PALATSCHINKEN

GESURTER SCHWEINEBAUCH BREZEN-AUFLAUF / SCHALOTTEN & KNOBLAUCH

ZUTATEN FÜR 6 PERSONEN

Gesurter Schweinebauch
10 Schalotten
2 Knoblauchknollen
2 EL Schweineschmalz
1,5 kg gesurter Schweinebauch mit Schwarte
Kümmel, Salz, Pfeffer
0,5 l Bier

Brezen-Auflauf
3 Eier
250 g Laugenbrezeln
¼ l Milch
120 g Butter
Salz, Muskat
1 Handvoll Petersilie, gehackt
Butter für die Form

Gesurter Schweinebauch
Geschälte und grob geschnittene Schalotten und geschälten Knoblauch mit dem Schmalz in einen Bräter geben.

Fleisch mit der Schwarte nach unten ca. 5 Minuten in leicht köchelndes Wasser einlegen (dadurch lässt sich die Schwarte leichter schneiden). Schwarte einschneiden.

Fleisch mit der Schwarte nach oben auf die Schalotten und den Knoblauch im Bräter legen. Mit etwas Kümmel bestreuen und im vorgeheizten Backrohr bei 220 °C Heißluft 1,5 Stunden braten. Bei der Hälfte der Garzeit mit Bier aufgießen.

Falls die Schwarte nicht knusprig wird, den Backofen nochmals auf Oberhitze (Gratinieren) einstellen und die Kruste überbacken (aufpassen, dass der restliche Braten nicht zu dunkel wird).

Backofen ausschalten und das Fleisch ca. 30 Minuten auf einem Teller an einem warmen Ort rasten lassen.

Schalotten und Knoblauch entfernen und in einen kleinen Topf geben. Den Bräter mit etwas Wasser ausspülen, Wasser mit den Bratresten zu Schalotten und Knoblauch geben, so entsteht eine wunderbare Sauce.

Brezen-Auflauf
Eier trennen, Eiweiß zu Schnee schlagen.

Laugenbrezel in kleine Würfel schneiden und in warmer Milch einweichen. Butter aufschlagen, Dotter langsam einrühren. Die Mischung zu den überkühlten eingeweichten Brezen geben. Gut verrühren, mit Salz und Muskat würzen, Eischnee und Petersilie untermischen.

Masse in eine befettete Form geben, mit Alufolie bedecken. 30 Minuten bei 180 °C im Backrohr garen.

ROMANS TIPP

Beim Schweinebauch können Sie das restliche Fett abgießen, kalt werden lassen und als Aufstrich verwenden.

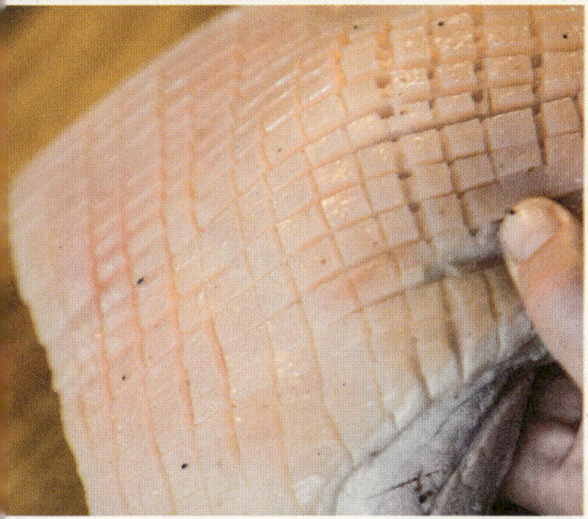

ÜBERBACKENE DIRNDL-PALATSCHINKEN

ZUTATEN FÜR 6 PERSONEN

½ l Milch
4 Eier
Salz
250 g griffiges Mehl
Fett zum Braten
100 g Dirndlmarmelade
250 g Topfen
Zesten von ½ Zitrone
1 EL Vanillezucker
50 g Zucker

Milch und 2 Eier mit Salz verrühren, dann mit einem Schneebesen das Mehl einrühren. Dünne Palatschinken ausbraten. Mit Dirndlmarmelade bestreichen, einrollen und in eine feuerfeste Form geben.

Restliche Eier trennen, Eiweiß zu Schnee schlagen. Topfen mit Dottern, Zitronenzesten, Vanillezucker und Zucker verrühren. Eischnee darunterheben, die Palatschinken mit der Masse bedecken. Bei 220 °C Heißluft ca. 20 Minuten backen.

DIE DIRNDL

oder Kornelkirsche ist eine spezielle Frucht, die nicht in allen Regionen zu Hause ist. Sie wird vor allem im Pielachtal vermehrt angebaut und zu Spezialitäten wie Marmeladen, Chutneys, Schnaps oder Säften verarbeitet. Die Frucht hat einen speziellen saftig-säuerlichen, leicht grasigen Geschmack. Als Alternative verwenden Sie Ribiseln oder Hagebutten.

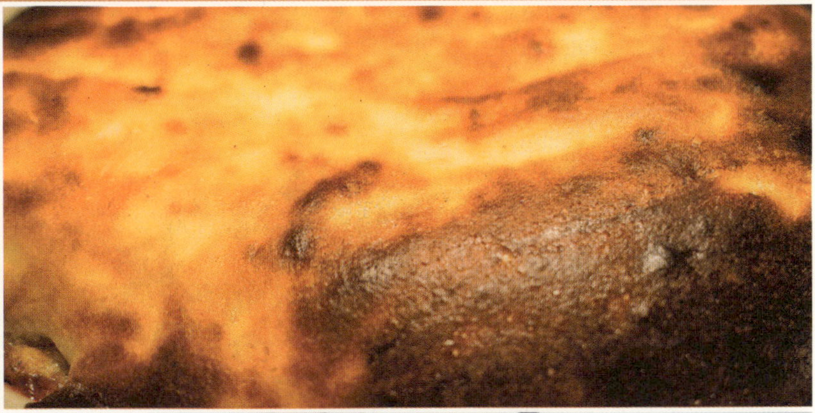

RINDSSUPPE
LIEBSTÖCKELFRITTATEN
GEBRATENE ENTENBRUST
ROTKRAUT
HOKKAIDOKÜRBIS

INGWER

Die Ingwerwurzel ist schon seit Jahrtausenden als Gewürz und Heilmittel bekannt. Ingwer regt den Appetit an, unterstützt die Verdauung, wirkt entgiftend und besitzt eine bakterien- und pilzabtötende Wirkung. Am besten in einer leicht befeuchteten Küchenrolle oder in einer Folie lagern, um Austrocknen und Pilzbefall zu vermeiden. Ingwer lässt sich zum Würzen verschiedenster Speisen und Chutneys verwenden.

Die Wurzel verleiht durch ihren speziellen Geschmack jedem Gericht eine besondere Note. Ingwer darf in keinem Haushalt fehlen, er gilt als eines der gesündesten Nahrungsmittel weltweit.

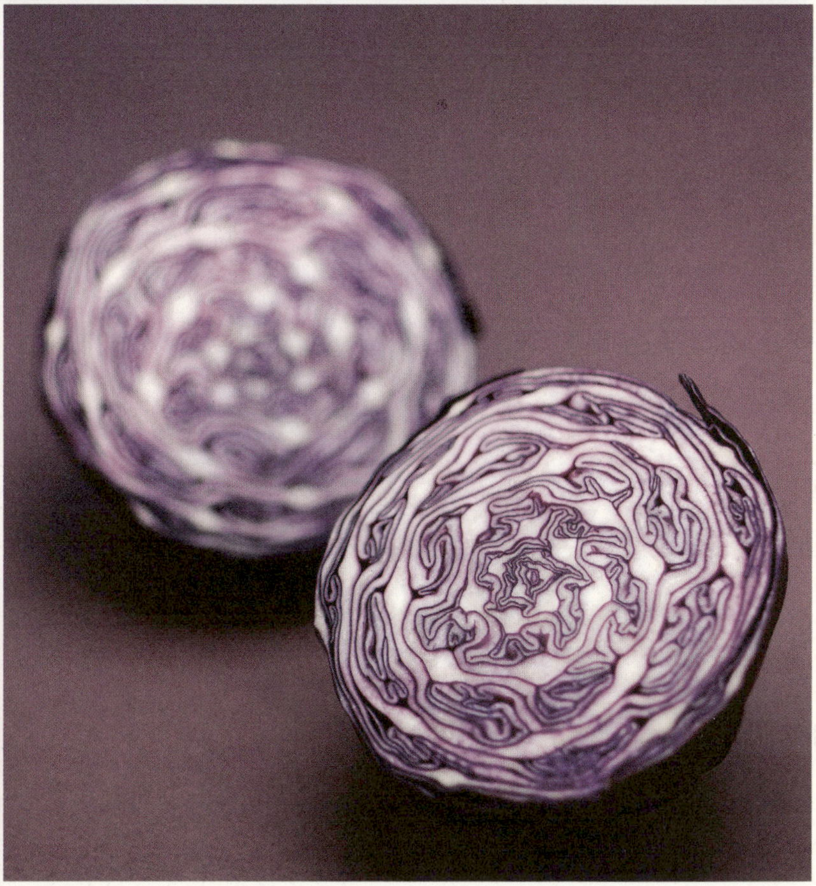

ROTKRAUT

Bereits 100 g rohes Rotkraut decken die Hälfte des täglichen Vitamin-C-Bedarfs! Rotkraut ist ein typisches Wintergemüse und optimal zu Wild. Das kalorienarme Kraut ist reich an Eisen und Mineralstoffen, welche unser Immunsystem stärken.

RINDSSUPPE LIEBSTÖCKELFRITTATEN

ZUTATEN FÜR 6 PERSONEN

Rindssuppe
200 g Rindsknochen
200 g Suppenfleisch
400 g Wurzelwerk
4 Zwiebeln
Lorbeerblatt, Muskat, Pfefferkörner, Wacholderbeeren
Schnittlauch

Liebstöckelfrittaten
½ l Milch
2 Eier
Salz, Muskat
200 g griffiges Mehl
1 Handvoll Liebstöckel, gehackt
Fett zum Braten

Rindssuppe
Rindsknochen in 4 Liter kaltem Wasser aufstellen. Wenn die Knochen kochen, treten Eiweiß und Trübstoffe aus, diese abschöpfen. Wenn die Suppe klar ist, das geschälte Wurzelwerk dazugeben. (Karotten, Sellerie und Gelbe Rüben im Ganzen lassen, erst später klein schneiden und als Einlage in die Suppe geben.) Zwiebeln waschen und mit der Schale in die Suppe geben, dadurch bekommt die Suppe später eine schöne goldbraune Farbe.

Lorbeerblatt und Muskat dazugeben. Pfefferkörner und Wacholderbeeren mit dem Messer quetschen, ebenfalls dazugeben.

Die Suppe ca. 1 Stunde köcheln lassen, in den letzten 5 Minuten den Liebstöckel hinzufügen. Suppe abseihen, Gemüse schneiden. Suppe mit geschnittenem Gemüse, Frittaten und frisch gehacktem Schnittlauch anrichten.

Liebstöckelfrittaten
Milch, Eier, Salz, Muskat und Mehl zu einem Palatschinkenteig verarbeiten und Liebstöckel dazugeben. Dünne Palatschinken ausbacken und zu Frittaten schneiden.

GEBRATENE ENTENBRUST ROTKRAUT / HOKKAIDOKÜRBIS

ZUTATEN FÜR 6 PERSONEN

Entenbrust
1,2 kg Entenbrust
Zesten von 1 Orange
2 EL Honig
Pfeffer, Rosmarin, Salz

Rotkraut
800 g Rotkraut
Salz
Saft von 2 Orangen
Saft von 1 Zitrone
1 Zimtstange
Lorbeerblatt
½ l Rotwein
3 EL Zucker
20 g Ingwer, frisch gerieben
1 Apfel, gerieben

Kürbis
1 Hokkaidokürbis
Salz
Olivenöl, Rosmarin zum Marinieren

Entenbrust
Entenbrust zuputzen. Das Fett, das dabei abfällt, in einem Topf auslassen.

Die Haut der Entenbrust mit Orangenzesten, Honig, Pfeffer und Rosmarin ca. 2 Stunden marinieren.

Das Fleisch in einer heißen Pfanne auf der Hautseite ohne Fett anbraten (die Haut der Ente ist fett genug). Auf der Fleischseite salzen und ca. 2 Minuten braten. Achtung, Honig karamellisiert schnell und wird rasch dunkel.

Ca. 10 Minuten bei 180 °C Ober-/Unterhitze im Backrohr braten, anschließend einige Minuten rasten lassen.

Rotkraut
Rotkraut in feine Streifen schneiden und einsalzen. Mit Orangensaft, Zitronensaft, Zimt, Lorbeerblatt und der Hälfte des Rotweins marinieren. Mindestens 2–3 Stunden ziehen lassen, am besten über Nacht.

Zucker karamellisieren, Rotkraut hinzufügen, mit dem restlichen Rotwein aufgießen. Ca. 30 Minuten köcheln lassen und mit dem ausgelassenen Entenfett, Salz und Ingwer abschmecken. Mit geriebenem Apfel verfeinern.

Kürbis
Kürbis waschen, entkernen und in Spalten schneiden. Auf einem Blech im Backrohr ca. 20 Minuten bei 180 °C Heißluft garen. Wenn der Kürbis schön goldbraun ist, herausnehmen. In einer Schüssel mit Salz, Olivenöl und Rosmarin marinieren.

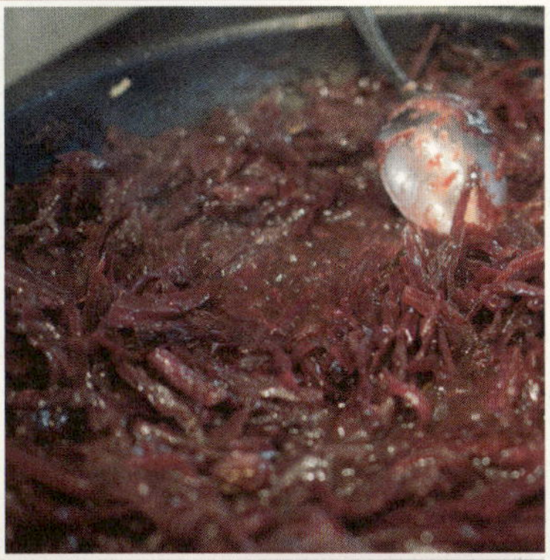

GEBEIZTE
LACHSRÖLLCHEN
DILL-SENF-SAUCE

HIRSCHRÜCKEN IN
BROMBEERJUS
CREMEPOLENTA
KOHLSPROSSEN

GEWÜRZKUCHEN
WEINSABAYON

POLENTA

enthält sehr viel Vitamin A und C sowie Kalzium, Kalium, Magnesium, Eisen und Kieselsäure und ist reich an Eiweiß und Kohlenhydraten und natürlich glutenfrei!

Polenta können Sie als Strudel, Laibchen oder cremig zubereiten und zu diversen Fisch- und Fleischgerichten servieren, aber auch vegetarisch ist der Maisgrieß ein Hit!

WILDFLEISCH

ist eine der eiweißreichsten Fleischarten und hat einen geringen Fettanteil.
Die weitgehend stressfreie Lebensweise heimischen Wildes in der freien Natur und die abwechslungsreiche Nahrung durch Gräser und Kräuter sind verantwortlich für den einzigartigen Geschmack unseres Wildfleisches.

KOHLSPROSSEN

sind ein schmackhaftes Herbst- und Wintergemüse und haben einen hohen Anteil an Vitamin C, K und B, außerdem sind Kohlsprossen auch sehr eiweißhaltig. Um die Nährstoffe der Kohlsprossen nicht zu zerstören, sollten sie nur kurz erhitzt werden. Kohlsprossen sind als Gemüsebeilage zu Wild oder deftigen Speisen ebenso perfekt geeignet wie als Zutat in Eintöpfen.

GEBEIZTE LACHSRÖLLCHEN DILL-SENF-SAUCE

ZUTATEN FÜR 6 PERSONEN

Lachsröllchen
1 Fenchelknolle
Saft von 1 Zitrone
Salz
Olivenöl zum Marinieren
300 g gebeizter Lachs in Scheiben
einige Salatblätter, mariniert
Toastbrot nach Geschmack

Dill-Senf-Sauce
2 EL Senf
2 EL Sauerrahm
1 TL Honig
1 Handvoll Dillspitzen, fein geschnitten
Salz

Lachsröllchen

Fenchel putzen, grob reiben und etwa 15 Minuten mit Zitronensaft und etwas Salz und Olivenöl marinieren. Wenn der Fenchelsalat gut durchgezogen ist, auf die Lachsscheiben legen und einrollen. Die Röllchen schräg durchschneiden und auf marinierten Salatblättern anrichten. 1–2 Scheiben getoastetes Toastbrot passen gut dazu.

Dill-Senf-Sauce

Senf, Sauerrahm und Honig in einer Schüssel durchrühren, mit Dill und Salz würzen.

HIRSCHRÜCKEN IN BROMBEERJUS CREMEPOLENTA / KOHLSPROSSEN

ZUTATEN FÜR 6 PERSONEN

Hirschrücken in Brombeerjus
1,5 kg Hirschrücken
Öl zum Braten
100 g Wurzelwerk (Karotten, Sellerie, Pastinaken, Lauch)
1 Schalotte
1 EL Tomatenmark
¼ l Rotwein
2 Knoblauchzehen, geschält
Rosmarin, Thymian, Wacholderbeeren, Lorbeerblatt
100 g Brombeeren (TK oder frisch)
Maisstärke nach Bedarf
Prise Zucker
ca. 20 g Butter
Pfeffer

Kohlsprossen
500 g Kohlsprossen
Öl zum Anschwitzen
Salz, Muskat
ca. 20 g Butter

Polenta
½ l Milch
Rosmarin, Knoblauch nach Geschmack
140 g Polenta
Salz, Muskat
30 g Parmesan
20 g Butter

Hirschrücken
Hirschrücken zuputzen. Abschnitte mit Wurzelgemüse und der Schalotte scharf anbraten. Tomatenmark zugeben, mit Rotwein ablöschen und 1 l Wasser aufgießen. Knoblauch, Kräuter und Gewürze dazugeben. Mindestens 1 Stunde langsam köcheln lassen und reduzieren. Je länger der Saucenansatz eingekocht wird, desto intensiver schmeckt der Wildjus.

¼ l Wildjus abmessen, Brombeeren leicht erhitzen und mit Wildjus aufgießen. Falls die Sauce zu dünn erscheint, mit etwas Maisstärke eindicken. Mit Zucker abschmecken, mit Butter montieren.

Fleisch salzen und pfeffern und in einer Pfanne auf beiden Seiten in etwas Öl anbraten. Auf ein Gitter über eine Bratform geben und ca. 15 Minuten bei 180 °C Heißluft im Rohr braten. Vor dem Anrichten ca. 10 Minuten rasten lassen.

Kohlsprossen
Kohlsprossen entblättern. Strünke halbieren und zu den Blättern geben. Gemeinsam in etwas Öl anschwitzen und mit Salz und Muskat würzen. Für den perfekten Geschmack würfelig geschnittene kalte Butter unterrühren.

Polenta
Milch mit Rosmarin und Knoblauch einmal aufkochen. Etwas stehen lassen, damit die Milch die Aromen gut aufnehmen kann. Gewürze aus der Milch entfernen, nochmals aufkochen und die Polenta einrühren. Einmal aufkochen, dann quellen lassen. Mit Salz und Muskat würzen und mit Parmesan und Butter vollenden.

ROMANS TIPP

Man kann ganz verschiedene Aromen in der Milch auskochen, um Polenta den gewissen Kick zu geben. Wenn sie zu Wild serviert wird, passen auch Wacholder, Salbei oder Thymian.

GEWÜRZKUCHEN / WEINSABAYON

ZUTATEN FÜR 6 PERSONEN

Gewürzkuchen
4 Eier
80 g Zucker
Zesten von je ½ Orange und Zitrone
Prise Salz
2 TL Lebkuchengewürz
1 EL Vanillezucker
40 g Semmelbrösel
80 g Mandeln, gerieben
20 g Butter

Sabayon
2 Dotter
⅛ l Weißwein
Zimt, 2 Gewürznelken,
Vanillezucker
20 g Zucker
2 TL Glühweingewürz

Gewürzkuchen
Eier trennen. Dotter mit Zucker schaumig schlagen, Zesten, Salz, Lebkuchengewürz und Vanillezucker einrühren. Eiweiß zu festem Schnee schlagen.

Brösel, Mandeln und die geschmolzene Butter unter die Hälfte des Schnees heben. Die Mischung gut in den aufgeschlagenen Dotter einrühren. Restlichen Schnee unterheben.

Masse in gut befettete Muffinformen füllen und bei ca. 200 °C Heißluft 10 Minuten backen.

Sabayon
Dotter, Weißwein und alle anderen Zutaten in einen Schneekessel geben. Über Dampf aufschlagen, bis die Sabayon luftig und cremig ist. Auf einem Teller anrichten, den Gewürzkuchen daraufsetzen.

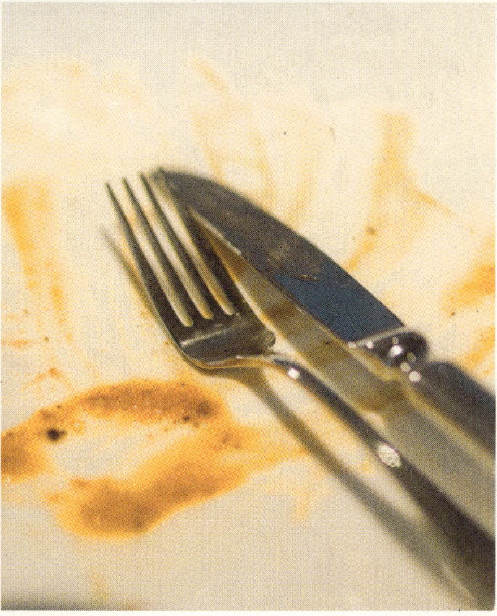

REZEPTVERZEICHNIS

ÖSTERREICHISCH DEUTSCH

Österreichisch	Deutsch
Achterl	Glas Wein (125 ml)
aufstellen	aufsetzen, zum Kochen bringen
Backrohr	Backofen
Beiried	Rumpf- oder Lendenstück
Biskotten	Löffelbiskuits
Blunzen	Blutwurst
Börse	Portemonnaie
Brösel	Abkürzung für Semmelbrösel
Burenwurst	typisch österreichische Würstchenart
Dirndl	Kornelkirsche
Erdäpfel	Kartoffeln
Essiggurkerl	Gewürzgurken
Faschiertes	Hackfleisch
Fisolen	grüne Bohnen
Fleischhacker, Fleischhauer	Metzger
Frittaten	Flädle (Suppeneinlage aus in Streifen geschnittenen salzigen Pfannkuchen)
Gelbe Rüben	in Deutschland nicht üblich, nicht zu verwechseln mit den in Teilen Deutschlands als Gelbe Rüben bezeichneten Karotten/Möhren
Germ	Hefe
griffiges Mehl	etwas gröber vermahlenes Mehl, am ehesten mit Dunstmehl vergleichbar
Gröstl	Pfannengericht aus mehreren Zutaten
Gurkerl	kleine Gurken, Gewürzgurken
Haxe	Hachse
Hendl	Hühnchen
Hinteres Ausgelöstes	Rindfleischteilstück zwischen Nacken und Hoher Rippe
Karotte	Möhre
Kohlsprossen	Rosenkohl
Kraut	Kohl
Kren	Meerrettich
Küchenrolle	Küchenkrepp

Laibchen	kleine, runde oder ovale Form
leeren	ausgießen
Marille	Aprikose
Melange	Mischung
Palatschinken	Pfannkuchen
rasten lassen	ruhen lassen
Ribiseln	Johannisbeeren
Rohr	Abkürzung für Backrohr
Rostbraten	Roastbeef
Rotkraut	Rotkohl
Saft	Sauce (bei Fleisch)
Sauerrahm	saure Sahne
Schlagobers	Schlagsahne
Schneekessel	Rührschüssel
Schopf	Schweinekamm
Schwammerl	Pilze
Semmelbrösel	Paniermehl (getrocknete, geriebene Brötchen)
speckige Erdäpfel	festkochende Kartoffeln
Stangerl	Stangen
Staubzucker	Puderzucker
suren	pökeln
Surschopf	gepökelter Schweinekamm
Tascherl	Täschchen
Topfen	Quark
überkühlen	etwas abkühlen lassen
verschlagenes Ei	verquirltes Ei
Wurzelwerk	Wurzelgemüse, Suppengemüse
Zwetschke	Zwetsch(g)e

ecolodge

DANKSAGUNG

Besonderen Dank an:

Boutique Brutal – Ramona Scheiblauer & Joe Wannerer für die Ideen, die Zeit, den Glauben an mich und mein Projekt, die Zusammenführung mit dem Residenz Verlag, die Umsetzung und dass dieses Buch so schön ist, wie es ist!

Peter Rauchecker & Michael Felix Denk für die exzellenten und stimmungsvollen Fotos, die Zeit, die Geduld und die Ruhe am Set. Nur so konnten diese tollen Fotos entstehen.

Tischlerei Krumböck für die Bereitstellung der Schauküche, die positive Atmosphäre und die Hilfsbereitschaft der Familie und der Mitarbeiter

Fleischerei Strohmaier für die jahrelange sehr gute Zusammenarbeit und das Fleisch

Victoria Radl für die Zeit und die Unterstützung bei diesem Buch

Ingrid & Wolfgang Effenberger und **Thomas Klauser** für die Unterstützung von Anfang an

Andreas Leeb, Franz Schuster, David Griessler, Georg Hackl, Manu Navratil, Petra Eckhart, Flo Bauer

Fa. Ecolodge / Hemdenausstattung, **Fa. Outdoorchef** / Grillgeräte

Keramik Barbara Wihann

Und alle, die sich bereitwillig für dieses Buch ablichten haben lassen, die Menüschreiber, die Tellerwäscher, die Schmauser und Restlesser, die Servierkörper, Equipmentträger und Sonnensegelhalter, die seelischen Unterstützer und alle anderen helfenden Geister und Unterstützer …

Roman Klauser, geboren 1978 in St. Pölten, lebt in Rabenstein an der Pielach in Niederösterreich. Nach seiner Ausbildung zum Koch im Alpenkurhotel Gösing sammelte er Erfahrungen in rennommierten Häusern im In- und Ausland, unter anderem in Wien und München. Auszeichnungen erhielt er vor allem für seine Grillkunst. Seit 2005 ist Roman mit seiner Firma „rent the cook“ erfolgreich in ganz Österreich unterwegs und wird bis zu 150-mal pro Jahr gebucht.

ANDERE TOLLE BÜCHER

Dietmar Fercher

Süße Weihnachtsklassiker

Himmlisches aus Österreich

ISBN 978 3 7017 3285 2

Von Anisbögen über Kokosbusserl, Vanillekipferl und Weihnachtsstollen bis zu Zimtsternen: Konditormeister Dietmar Fercher verrät seine besten Rezepte für die schönste Zeit des Jahres. Aus Zucker, Honig, Nüssen, Butter, Marzipan und viel Schokolade entsteht unwiderstehliche Weihnachtsbäckerei, die als liebevoll verzierter Christbaumschmuck ebenso wie als süße Gabe große und kleine Herzen erfreut. Damit alles gut gelingt, finden Sie bei den Rezepten leicht verständliche Tipps aus der Meisterbackstube.

Dietmar Fercher

Tortenglück aus Österreich

ISBN 978 3 7017 3308 8

Von Punsch- über Topfen-Obers- und Nusstorte oder Klassiker wie Kardinal- und Esterházyschnitten sowie viel Köstlich-Schokoladiges und Frisch-Fruchtiges: Dieser Band versammelt die besten Tortenrezepte aus der Meisterbackstube von Dietmar Fercher. Die süßen Köstlichkeiten sehen fantastisch aus, sie sind das perfekte Geschenk, um Ihre Liebsten zu überraschen und zu verwöhnen. Viele sind ganz leicht nachzubacken – probieren Sie es aus! Zahlreiche Fachtipps vom Meisterkonditor helfen, damit alles gut gelingt.